U0783503

"新标准"学前教育专业系列教材

幼儿社会教育与活动指导

（第二版）

编 著 张明红

华东师范大学出版社

上海

图书在版编目（CIP）数据

幼儿社会教育与活动指导/张明红编著.—2版
.—上海：华东师范大学出版社，2020
ISBN 978-7-5760-0223-2

Ⅰ.① 幼… Ⅱ.① 张… Ⅲ.① 学前教育–社会教育–
幼儿师范学校–教材 Ⅳ.① G611

中国版本图书馆CIP数据核字（2020）第153954号

"新标准"学前教育专业系列教材

幼儿社会教育与活动指导（第二版）

编　　著　张明红
责任编辑　李　琴
责任校对　朱雪婷　时东明
装帧设计　庄玉侠
封面图　率　菲

出版发行　华东师范大学出版社
社　　址　上海市中山北路3663号　邮编 200062
网　　址　www.ecnupress.com.cn
电　　话　021–60821666　行政传真 021–62572105
客服电话　021–62865537　门市（邮购）电话 021–62869887
地　　址　上海市中山北路3663号华东师范大学校内先锋路口
网　　店　http://hdsdcbs.tmall.com/

印刷者　上海商务联西印刷有限公司
开　　本　787毫米×1092毫米　1/16
印　　张　11.5
字　　数　228千字
版　　次　2020年10月第2版
印　　次　2024年12月第6次
书　　号　ISBN 978-7-5760-0223-2
定　　价　32.00元

出版人　王　焰

（如发现本版图书有印订质量问题,请寄回本社客服中心调换或电话021-62865537联系）

出版说明
（第二版）

CHU BAN SHUO MING

本书是根据学前教育专业新标准和新理念编写的一本教材，为学前教育专业学生量身定做。

本书根据《3—6岁儿童学习与发展指南》中社会领域的两个子领域——人际交往和社会适应中的一些具体目标和内容，围绕儿童学习与发展的五个核心经验，即自我意识、人际交往能力、亲社会行为、社会认知和归属感，逐个进行阐述，并增加丰富翔实的幼儿园社会教育活动案例和资料拓展，培养学习者独立思考、分析问题和解决问题的方法和能力。本书主要栏目设置如下：

案例导入：以实际问题或者教学案例导入，引出下面要学习的内容。

知识链接：针对部分内容进行补充说明，提供延伸阅读。

活动方案：提供课堂活动实施的范本，并对活动实施和效果进行阐述分析。

小案例：补充相关内容的案例知识，帮助理解。

思考与练习：针对学习内容提出问题，供读者思考。

本书相关资源请至 have.ecnupress.com.cn 中的"资源下载"栏目，搜索关键词"幼儿社会"进行下载。

另，本书部分图片取自网络和其他书籍，来源明确的已做标注，如有不妥之处，请联系我们。

华东师范大学出版社

2020年9月

前 言
（第二版）
QIAN YAN

为了顺应和贯彻教育部2012年颁布的《3—6岁儿童学习与发展指南》（以下简称《指南》）的新精神和新要求，适应我国幼儿园社会领域课程的教育改革和幼儿社会性发展的研究现状，满足众多学前教师培养及培训院校对符合《指南》目标和内容的新教材的需求，我们及时编写了《幼儿社会教育与活动指导》这本体现时代性、科学性和实践性的教材。

在编写中，我们仔细研究和学习《指南》的先进理念，力求与《指南》社会领域的目标与内容保持一致，对教材的结构进行了全面、完整的调整。根据《指南》中社会领域的两个子领域——人际交往和社会适应中的一些具体目标和内容，梳理出儿童学习与发展的五个核心经验，即自我意识、人际交往能力、亲社会行为、社会认知和归属感。教材中围绕这五个核心经验逐个进行幼儿发展和教育活动设计的阐述，使学习者树立幼儿园社会领域最核心的价值观和课程观，明确活动设计最应该把握的活动目标、内容和结构。教材帮助学生拥有全面完善的理论知识，同时增加了丰富翔实的幼儿园社会性教育活动案例和资料拓展，增强了内容的实践性和可看性，促进学生理论联系实际能力的培养，便于学生掌握幼儿社会性发展与教育规律以及设计、实施幼儿园社会教育活动的能力，提高学生学习的兴趣。

为了因应时代发展对高质量学科建设和人才培养方案实施的要求，我们启动了教材的修订工作。修订主要从以下两方面进行：

一是以课程思政为引领建立教材编写的指导思想，将党的二十大会议精神有机融入教材。教材根据"做党和人民满意的'四有'好老师"，整本教材都融入新时代学前教育人的新要求，给学生筑牢理想之基；将党的十八大以来有关学前教育的政策文件、重要报告作为学习素材，强调教育系统要统筹学校、家庭、社会教育，践行协同育人方案。

二是本次改版在保留原有教材特色的基础上，更新了部分案例，同时还为教材配置了直接扫二维码即可观看的视频，将教材打造成创新融合一体化教材，以更直观的方式帮助学生理解教材内容。

全书由张明红编著，权莹、张春颖、傅菁菁参与了内容的修订工作。

本书在编写、出版过程中，得到了华东师范大学教育学部学前教育学系和华东师范大学出版社领导和编辑的支持与帮助，教材中引用了国内外同行一些研究成果，在此一并表示感谢。由于本人学识水平和能力有限，本书如有不当之处，敬请批评指正！

张明红

2023年4月

目 录

MU LU

幼儿社会教育概述

　　3岁半的瑶瑶，今年3月份上幼儿园，要是阿姨送她到班上，她就能很高兴地跟阿姨再见，高高兴兴跟老师走；而妈妈送她就又哭又闹，不愿跟老师走，而且在妈妈面前表现出腼腆的样子，不愿和小朋友玩，不愿表现自己。

　　这是幼儿期的孩子对妈妈都有的特殊依恋，不仅是因为天生的血缘关系，更因为妈妈是主要的养育者，是孩子的"安全港湾"，孩子以妈妈为圆心去认识和接触周围的世界，当稍有不安全的时候就立刻回到妈妈的身边。瑶瑶的表现很正常，妈妈送的时候，她需要和妈妈分开，于是"变成一个小宝宝"，想享受到妈妈更多的关爱和照顾；阿姨送时或妈妈不在时，她就自己变得"外向"，努力适应幼儿园的生活，这是孩子社会化的小插曲，不必过于担心。

（资料来源：《学前教育》）

　　上述案例中提到的依恋是幼儿社会性发展中不可忽视的一个重要部分，也是家长对孩子进行社会教育时需要注意的一个重要方面。

　　经过大约一个世纪的时间，幼儿社会教育从零星的、片段的认识逐渐发展成为系统化的、具体的理论体系，并在学前教育中得到了认可。从幼儿社会教育的历史发展来看，它还是一门较为年轻的、介于儿童发展心理学与学前教育学之间具有边缘性质的学科，以研究儿童的社会性发展为主要目标，以增进儿童的社会认知、激发社会情感、引导社会行为技能为主要内容。

　　本章主要通过梳理幼儿社会教育在国内外的发展历程，厘清幼儿社会教育的定义。

第一节　幼儿社会教育的发展

学习目标

　　了解幼儿社会教育的发展历程。

一、我国近现代幼儿社会教育的发展

　　纵观我国学前教育近现代发展历史，我们可以发现，幼儿社会教育从最初只有片段的、缺乏系统的认识，发展到逐步形成完整的、较为系统的观念，并出现在幼儿园课程之中，经历了漫长而又曲折的过程。其主要有以下三个阶段。

（一）第一阶段：20世纪初至20世纪中叶

　　1904年1月，清朝政府出台了我国第一部幼儿教育法规——《奏定蒙养院章程及家庭教育法章程》（以下简称《章程》），规定"以蒙养院辅助家庭教育"、"收三至七岁儿童"，这是我国有史以来第一次将幼儿教育列入学制系统。其中第一章第一节"保育教导要旨"中有四条要求，第一、第三条提出了培养幼儿身心健康、个性良好、行为端正的目标和要求，第二、第四条则提出了量力适宜、正面教育、运用榜样和环境的原则和方法。这一保育教导要旨凸显了蒙养院应实施做人教育的目标和任务。第一章第二节则规定应设置幼儿易懂的、有趣的、与小学迥然有别的条目，如：游戏、歌谣、谈话、手技等，这些活动均应围绕幼儿爱众乐群、涵养德性的宗旨进行，尤应以游戏和谈话为主。由此足见《章程》对幼儿社会教育的重视程度。之后创办的蒙养院和幼稚园基本上遵循《章程》的要求，在幼儿园设置的有关科目中，直接呈现或间接地蕴含《章程》的目标、内容与方法等。

知识链接

蒙养院的起源

　　1837年，"幼儿教育之父"、德国学前教育家福禄贝尔在德国勃兰根堡建立了世界上第一个命名为"幼儿园"的社会性幼儿教育机构。"幼儿园"寓意为"儿童的花园"，体现了人类对于儿童价值的承认。让儿童得到快乐的愿望逐渐在世界上引起共鸣。德国政治家将其介绍到英国，通过英国的博览会传入美国，并由传教士带入日本。19世纪末，中国留学生把带有日本特点的福禄贝尔幼儿园引入中国。

　　为了落实"新政"、"兴学育才"的内容，清政府在1902年8月的"上谕"中，命令各县州"多设蒙养学堂"。1903年颁行癸卯学制，把蒙养院作为国家基础教育的一段。次年初，清政府又颁布了《奏定蒙养院章程及家庭教育法章程》，对蒙养院做出了许多具体规定。自此以后，全国各地陆续办起了学龄前幼儿教育机构——蒙养院，先是湖北、湖南，然后是京师、上海、江苏、广东等地。

　　"蒙养"二字是中国的传统说法，所谓"蒙以养正"，就是重视人生的正本慎始，主张当婴幼儿智慧蒙开之际就施加正面影响，开发其智慧，促使孩子更好地成材。创立蒙养院，按照清光绪三十一年（1905年）制定的《湖南蒙养院教课说略》的说法，就是要达到"将贫贱家儿童养成美材，富贵家父母当不虑其子弟同处染坏气习；有此感情，将来小学堂不分贫富贵贱，可施共同教育"的目的。

　　端方作为晚清出洋考察宪政的五大臣之一，认为"东西各国之富强莫非发源于教育"，遂成为中国创办幼儿园的第一人。清光绪二十九年（1903）颁布的《蒙养院及家庭教育法》，对蒙养院的"硬件设施"做了详细规定：

　　蒙养院房舍，以平地建造为宜，断不可建造楼房，致儿童登降有危险之虞。蒙养院当备有保育室、游戏室及其他必需之诸室。保育室面积之大,当合每幼儿五人占地六平方尺。庭园面积之大,至小者当合幼儿一人占地六平方尺。凡……必需之器具,视其经费酌量置备,但只可简朴,不可全缺。

关于课程设立方面,据《湖南蒙养院教课说略》记载,该院设立了7门课程:

谈话:分修身话和庶物话两种。

行仪:选择合适而有趣的行为让幼儿模仿,教师及时地随事指导。

读方:即识字。

数方:教幼儿学习单双数、加减法等。

手技:即通过配插"恩物"使幼儿掌握轻重、大小、长短,并发展其思维。"恩物"共有十一种,包括"木积"(用木方按图堆积各种屋宇坊舟车桥梁之形,有点像今天的积木)、"板排"(用木板排配各器具形状,初排配时有式样可仿)、"箸排"(用竹签排字形,如"一"、"二"、"三"和"大"、"小"、"工"等),另外还有"纸织"、"纸折"、"纸剪"、"缝取"、"画方"等。

乐歌:伴以歌舞,既培养美感,又涵养性情;配合体操,则可以强健四肢。

游戏:开展室内外游戏,以活泼儿童生活兴趣,调养性情。

《湖南蒙养院教课说略》指出,谈话、行仪为"德育之始基",读方、数方、手技为"智育之始基",乐歌、游戏为"体育之始基",并强调各科要有机结合,相互渗透。

"五四"时期的思想解放运动带动了教育战线的改革,涌现出一批学前教育革新家,其主要代表人物有陈鹤琴、张宗麟等人。他们开辟了学前教育中国化、科学化的道路,并开始创建我国幼儿社会教育。陈鹤琴先生非常关注幼儿的社会教育,他把"社会"和"生活"作为组织幼儿园课程的两大中心。他提出著名的"五指活动"课程,即儿童健康、儿童社会、儿童科学、儿童艺术、儿童语文五个方面,其中儿童社会包括朝夕会、周会、纪念日集会、每天的谈话、记忆政治常识等。在他的活教育理论体系中,更是把"目的论"作为三大纲领之一,即活教育的目的是"做人,做中国人,做现代中国人"。他认为:做一个真正的人,必须热爱人类,热爱真理,以"世界一家"的思想为人类最终目标;做一个中国人必须热爱自己的国家,热爱自己的同胞,为自己国家的兴旺发达而努力;做一个现代中国人,必须考虑中国现代社会对人的要求,勤奋学习,掌握知识,为祖国的繁荣富强而努力。张宗麟先生在20世纪30年代初出版了《幼稚园的社会》一书,这是我国幼教史上最早的全面、深入地论述幼儿社会教育课程及其实施的著作。该书详细论述了幼儿社会生活的思想,十分强调幼儿生活的社会倾向。总之,这一阶段,社会教育、社会课程作为幼儿园教育、幼儿园课程的有机组成部分逐渐得到确立,社会课程的结构、体系以及实践都得到较大的发展。

知识链接

教育名家——陈鹤琴

　　陈鹤琴（1892—1982），中国著名儿童教育家、儿童心理学家，教授，南京师范学院院长。1892年出生于浙江省上虞县百官镇，早年毕业于清华大学，留学美国五年，1919年获得哥伦比亚大学硕士学位；五四运动期间回国后，长期从事师范教育与儿童教育工作，在儿童心理的研究与幼儿教育的研究方面取得了丰硕的成果。陈鹤琴回国后，最初任南京高等师范学校教授，国立东南大学（后更名为国立中央大学、南京大学）成立后，任教授兼教务主任。在此

图1-1　陈鹤琴

期间，他致力于研究儿童心理学、家庭教育学和幼儿教育学。1923年，他创办了鼓楼幼儿园作为理论研究的实验基地。陈鹤琴毕生从事儿童心理与教育的教学和研究，非常重视实验与实践。1927年，他在国立东南大学任教期间，在南京建立教育实验区，为推广小学教育做实验。陶行知先生创办晓庄乡村师范学校时，他担任校董会董事并兼任该校第二院院长，为推广乡村幼儿园进行实验，并做出了一定的贡献。

（二）第二阶段：20世纪中叶至20世纪90年代中期

　　1996年，国家教育委员会正式颁布《幼儿园工作规程》（以下简称《规程》），这是幼儿社会教育发展第二阶段的主要标志。

　　《规程》中提出幼儿园保育和教育的四大目标，其中之一是幼儿社会领域教育，如："萌发幼儿爱家乡、爱祖国、爱集体、爱劳动、爱科学的情感，培养诚实、自信、好问、友爱、勇敢、爱护公物、克服困难、讲礼貌、守纪律等良好的品德行为与习惯以及活泼开朗的性格。"《规程》还对幼儿园的品德教育进行了正确的定位，指出"幼儿园的品德教育应以情感教育和培养良好行为习惯为主，注重潜移默化的影响，并贯穿于幼儿生活以及各项活动之中"。《规程》的颁布为建立与完善幼儿园社会领域课程提供了法规、政策及理论上的支持。

（三）第三阶段：20世纪90年代中期至现今

　　2001年7月，国家教育部颁发《幼儿园教育指导纲要（试行）》（以下简称《纲要》），这是幼儿教育发展第三阶段的主要标志。《纲要》是对幼儿园课程具有直接指导意义的纲领性文件。它将幼儿园课程相对划分为健康、语言、社会、科学、艺术五大领域，其中的社会领域部分将社会教育的目标、内容和要求、方法和途径等进一步具体化，使幼儿园幼儿社会教育课程的设计和实施有了明确的原则和方向。从此，学前教育学界开展了大量的理论和实践研究，许多学前教育工作者创造性地设计和实施了一系列社会教育活动，有效地促进了我国幼

儿社会教育活动教学和科研的开展。

为深入贯彻教育规划纲要，落实《国务院关于当前发展学前教育的若干意见》（国发〔2010〕41号），帮助广大幼儿园教师和家长了解3—6岁幼儿学习与发展的基本规律和特点，全面提高科学保教水平，2012年10月9日教育部印发了《3—6岁儿童学习与发展指南》（以下简称《指南》）。《指南》从其研制的过程到最后文本的形成，充分体现了科学性、民主性、先进性、时效性、操作性等特点。在学前教育跨越式发展的历史新阶段，研究制定《指南》，是贯彻落实教育规划纲要和学前教育"国十条"①的重要举措。《指南》的印发对于有效转变公众的教育观念，提高广大幼儿园教师的专业素质和家长的科学育儿能力，防止和克服"小学化"倾向，全面提高学前教育质量具有重要意义。在《指南》中，社会领域从人际交往和社会适应性两个维度着重强调了三点，一是培养幼儿的交往愿望和交往能力，二是学习自尊、自主、自信，三是关心和尊重他人，逐步适应群体生活，遵守基本的行为规范。

知识链接

为什么要颁布《指南》

为遏制超前教育现象蔓延，教育部正式印发了《3—6岁儿童学习与发展指南》，以提高广大幼儿园教师的专业素质和家长的科学育儿能力，防止和克服学前教育"小学化"倾向。教育部还特别强调，严禁幼儿园提前学习小学内容。

《指南》分别从健康、语言、社会、科学、艺术五个领域描述幼儿学习与发展，每个领域按照幼儿学习与发展最基本、最重要的内容划分为若干方面，并分别对3—4岁、4—5岁、5—6岁三个年龄段末期幼儿应该知道什么、能做什么，大致可以达到什么发展水平提出了合理期望。

此外，《指南》还根据幼儿的学习与发展目标，针对当前学前教育普遍存在的困惑和误区，列举了一些能够有效帮助和促进幼儿学习与发展的教育途径和方法，同时也指出了错误做法对幼儿终身发展的危害，为广大家长和幼儿园教师提供了具体、可操作的指导。

（资料来源：中国教育和科研计算机网）

中共中央办公厅、国务院办公厅于2017年印发了《关于实施中华优秀传统文化传承发展工程的意见》，突出优秀传统文化教育在幼儿早期社会性发展中的重要价值。指出要围绕立德树人根本任务，遵循学生认知规律和教育教学规律，按照一体化、分学段、有序推进的原则，把中华优秀传统文化全方位融入思想道德教育、文化知识教育、艺术体育教育、社会实践教育各环节，贯穿于启蒙教育、基础教育、职业教育、高等教育、继续教育各领域。以教材为

---

① 《国务院关于当前发展学前教育的若干意见》提出了十项意见，因此又被称为学前教育"国十条"。

重点,构建中华文化课程和教材体系。编写中华文化幼儿读物,开展"少年传承中华传统美德"系列教育活动,创作系列绘本、童谣、儿歌、动画等。通过优秀传统文化教育,进一步深化幼儿对于家乡、祖国的热爱,增强对于中华民族、中华文化的认同感。

党的二十大将"健全学校家庭社会育人机制"和"加强家庭家教家风建设"写入党的政治报告,一个"健全"、一个"加强",体现了党对新时代教育规律的深刻认识,对中华民族优秀教育传统的高度重视,进一步确立了家庭教育、社会教育在我国教育体系中的重要地位。伴随着人类社会生产、生活、教育网络化、信息化、智能化、虚拟化的快速发展,儿童手脑并用的实体劳动、实践、生活空间的压缩,给儿童成长带来的最大挑战,就是知行脱节,学科知识的学习无法与现实生活相联结,难以通过富有挑战性的认知活动激活儿童的大脑,重构儿童的心理、认知和情感结构,促进儿童的健康成长。因此,教育系统要统筹学校、家庭、社会教育,践行协同育人方案。

二、世界幼儿社会教育的发展

幼儿社会教育的理论和实践研究是近40年来国际学前教育界关注的热点问题之一。从20世纪80年代开始,许多国家对20世纪60—70年代以"智力开发"代替早期教育的倾向进行了深刻的反思。1985年,在日本召开的日、欧、美幼教峰会上,人们审视和反思了早期教育中将幼儿的发展等同于智力发展的错误倾向,呼吁教育从"智育中心"转向促进幼儿富有个性的全面发展,特别是社会性和情感的发展。从此,世界各国都非常重视幼儿的社会教育,把社会领域课程作为幼儿园课程的重要组成部分之一。在许多国家新颁布的学前教育纲要和其他相关文件中,幼儿社会性发展和培养都被放在了突出的位置上。

（一）日本的幼儿社会教育

日本非常重视幼儿的社会教育。1989年,日本文部省颁布了新的《幼稚园教育要领》,提出了幼稚园教育的五大目标:一是培养幼儿健康、安全、幸福的生活所必需的生活习惯、态度,为培养健全的身心打下基础;二是培养幼儿对他人的爱心与信任感,启迪自主意识与他人合作的态度,萌发良好的道德品行;三是培养幼儿对自然界与周围事物的兴趣与关心,启迪丰富的情操和思考问题的能力;四是在日常生活中培养幼儿对语言的兴趣与关心、乐于说听的积极态度及对语言的感受力;五是通过多种多样的体验,培养丰富的感受与创造性。以上的目标几乎都与幼儿社会教育有密切的关系。

1998年6月,日本《教育新闻》公布的"教育课程审议会"报告进一步明确了从幼儿期开始的"心灵的教育",即从幼儿园到高中的"宽松"教育,提出"培养儿童的生存能力",以及"适应社会的变化,自己发现课题,自主学习、主动思考,自主判断、行动,更好地解决问题的素质和能力;丰富的人性,自律合作、关心他人、有一颗感动的心",等等。在其全国课程标准修订中,又提出了"培养具有丰富人性、社会性,具有在国际社会中生活的自觉意识的日本人"等具体目标。而幼儿园的任务则是"重视幼儿的需要、自发性、好奇心等,培养做人所必需的基础素质"。从中不难看出日本对儿童个性和社会性培养的重视程度。

（二）美国的幼儿社会教育

美国则将幼儿的全面和谐发展与学校教育的成败联系在一起。全美最大的早期教育家组织——全美早期教育协会于1996年颁布的《0—8岁教育方案》(被美国人誉为早期教育的圣经)明确指出:"一个高质量的早期教育机构应该能够提供一种促进儿童身体、社会、情感以及认知发展的、安全的保育环境","适宜的教育应当顾及儿童所有领域的发展","忽视非智力因素的发展,违背了儿童身心发展的规律。不能使每个儿童全面发展,常常是学校教育失败的基本原因"。特别是美国的幼儿园课程有一个"社会研究"的领域。美国的社会研究委员会认为,"社会研究"可以被定义为一个课程领域,它的目标源自现代民主社会中公民的本质。它从社会科学和其他学科中提取教育内容,反映幼儿个人的、社会的及文化的经验。幼儿的社会学习必须是具体的,使幼儿投入到做事及感受、体验的过程之中。社会学习必须帮助幼儿成为家庭、社区、国家及世界中积极主动的、能胜任的成员。社会学习是本质的人类活动,是生活中自然发生的部分,它包含内容和过程两个方面的学习,强调信息处理过程,强调决策和问题解决,关注自身价值的实现。

（三）其他国家和地区的幼儿社会教育

英国1998—1999年教育改革议案中提出,要加强道德教育,培养基本的公民意识,使所有儿童懂得诚实、自强、责任心和尊重别人的价值观,形成适合现代社会的行为规范和伦理道德。在学校课程和评定当局公布的5岁儿童应达到的目标中,放在首位的是品德和情感教育。

法国幼儿教育的第一目标就是发展和谐人格,促进儿童情绪的成熟与社会化。1995年颁布的《幼儿学校课程大纲》中,强调把幼儿作为一个"人"来培养,发展他们的主动性、参与性。法国幼儿教育主要是把幼儿引向社会化,使他们从参与同伴与成人的活动中认识自己,认识环境,了解人际关系,学会克制自己的情绪,禁止过分情绪化,排除攻击性;知道与人合作,建立良好的人际关系,养成团结生活的习惯,塑造健全的人格;引导幼儿学习自己的文化,分辨并欣赏别人的文化,等等。这些目标要通过一系列的课程活动来实现,如:参观、访问、沟通、实验、操作,以及其他形式多样的协作活动。

法国的这种全人教育思想在韩国政府1995年通过的《新教育体制改革方案》中也有充分的体现。韩国把培养健康、爱美、有道德和自主的人作为全人教育的目标。

新西兰教育部提出了早期教育的五大目标,即健康、归属感、价值感、人际交往和探索。从中可以看出新西兰的幼儿教育非常重视培养儿童、家庭、社会的和谐关系,培养儿童安定的情感。

由此可见，幼儿社会教育是国际学前教育界共同关注的重要课题。我们在继承和发扬我国幼儿社会教育优秀传统的同时，应充分借鉴和吸收其他国家和地区有关幼儿社会性发展与教育的先进理论与实践，不断完善和发展我国幼儿社会教育课程体系，提高幼儿社会教育的成效。

第二节　幼儿社会教育的研究对象

学习目标

理解幼儿社会教育的研究对象。

幼儿社会教育是研究幼儿社会性发展的现象、规律及其教育和训练的一门科学，是以发展儿童的社会性为主要目标，以增进儿童的社会认知、激发社会情感、引导社会行为技能为主要内容的教育。要想真正了解幼儿社会教育的研究对象，必须掌握个性、社会性和社会化这三个概念及其相互关系。

一、个性

个性主要是指在生物特性基础上受社会生活条件制约而形成的独特而稳定的、具有调控能力的、具有倾向性的各种心理特征的总和。个性结构是多层次、多侧面的，由复杂的心理特征以独特形式结合构成的整体。

幼儿个性发展的心理结构主要包括自我调控、个性倾向性和个性心理特征三个系统。自我调控系统是个性形成和发展的前提，是个性发展和成熟的动力基础。这主要是指自我意识对个体心理和行为的调节、控制系统，使人的活动具有目的性、自觉性、计划性和能动性，包括自我意识、自我情感体验和自我调控三个方面。个性倾向性系统是个性结构中最活跃的因素，是人活动的内在动力，标志着个性活动的方向性和指向性。这主要是指决定一个人的态度和对现实的积极性、选择性的动力系统，包括需要、动机、兴趣、理想、信念、价值观、人生观和世界观。个性心理特征系统是指个人稳定的心理特点，包括性格系统、气质系统和能力系统。在日常生活中，我们会发现，每个人都是独特的。世界上绝对没有两个完全相同的人，即使是孪生兄弟和姐妹，你可能从相貌上分不清谁是谁，但一旦熟悉他们，就会从其言谈举止上把他们区分开来；即使初次见面，只要和他们接触一段时间，注意观察其神态、动作、语言以及待人接物的态度，也可以把他们区别开了。他们之间的这种不同，不是表现在相貌上，而是存在于行为的各个方面，其实就是人与人之间个性的差异。

幼儿个性描述

每个孩子都有自己的个性,我们一起来看看不同的妈妈对孩子的描述。

● 孩子喜欢掐人

我家孩子2岁,高兴或不高兴时都特别喜欢掐人,尤其在睡前,当然我知道这是一种无意识的表现,但她有时候确实掐得有点疼。

● 孩子在家懂事,在幼儿园却调皮

我儿子5岁,在家表现得较懂事,但幼儿园的老师和小朋友都反映他很调皮。例如小朋友排队,几分钟后别人站着没动,他就会在原地转圈;尤其让我焦虑的是,他坐在教室里上课时注意力不能集中,总是东张西望,或者两个胳膊分别搭在左右小朋友的椅背上,或者双脚晃动,不能像别人那样目不转睛地听课。

图1-2 排队也调皮的小朋友

● 孩子自尊心强

我儿子5岁半,马上要大班毕业了,自尊心非常强,不愿意让别人看到他做得不好的一面。比如画画画得不好时就自己悄悄收起来,别的小朋友看到时他会急忙解释"我还没画完呢"。

（资料来源:《学前教育》）

二、社会性

从儿童发展心理学和学前教育学的观点来看,幼儿社会性发展既受心理因素的制约,又受社会因素的制约。它是指儿童在其生物特性基础上,与社会生活环境相互作用,逐渐掌握社会规范,形成社会技能,学习社会角色,获得社会性需要、态度、价值观,发展社会行为,并以独特的个性与人相互交往、相互影响,适应周围社会环境,由自然人发展为社会人的社会化过程中所形成的儿童心理特征。

幼儿社会性发展的心理结构主要包括社会认知、社会情感、社会行为技能、自我意识、道德品质和社会适应等方面。社会认知是指儿童对自我与社会中的人、社会环境、社会规范等方面的认知。社会情感是指儿童在社会生活、社会交往中的情感体验,包括积极情绪、情绪表达与控制、依恋感、愉快感、羞愧感、同情心、责任感等。社会行为技能是指儿童在与人交往和参与活动时所表现出来的行为技能,包括交往的技能、倾听交谈的技能、非言语交往的技能、辨别和表达自己感情的技能，合作、轮流、遵守规则、解决冲突等技能。自我意识是指儿童对自我以及自我与周围关系的意识，包括自我认知（自我概念、自我形象、自我评价、独立性等）、自我情感体验（自尊心、自信心、自我价值感、成就感、进取心等）、自我控制（自制力、自觉性、坚持性、自我延迟满足等）。道德品质是指社会道德现象在儿童身上的反映，即儿童内化了的道德规范，包括关心他人、乐群、合作、诚实、分享、助人、有礼貌、守纪律等品德和良好的道德行为习惯。社会适应是指儿童能够逐渐学会接受新环境，适应矛盾冲突情境的能力，包括初步形成对新环境的适应能力，对陌生人的适应能力，对同伴交往的适应能力，独立地克服困难、处理社会生活中简单问题的能力，即学会做事，学会生活。

知识链接

保护自尊心，护航入园适应期

午睡起床后，阿姨挨个儿为小朋友整理床铺，发现开心的床垫上有一小片浅浅的、湿湿的印迹。于是，老师走近开心身旁，示意要帮助她检查裤子，开心没拒绝，乐呵呵地像小兔子似地蹦到老师身边。老师一边给她整理衣服，一边摸了摸开心的小屁屁，短裤的确有点潮潮的。"开心，你的小裤裤怎么湿了呀？"一听老师这样说，刚才还乐呵得像只兔子的开心，霎时一副尴尬的表情，问了半天怎么都不肯说原因。老师只好开始问是不是"睡觉的时候尿湿了"、"起床的时候来不及小便"、"上厕所的时候裤子没拉好"，结果都不是，开心不肯换裤子，脸上一副紧张兮兮的样子。

老师又换了个说法："噢，老师也觉得开心很聪明，如果是尿湿的，一定会告诉老师的。老师再摸一下，嗯，只是有点潮潮的，估计是你的小屁屁热了，出汗了吧！""嗯！"开心终于点头了。

【分析】虽然尿湿裤子看似"孩子做错了"，其实是幼儿期不可避免的正常生理现象。正如开心一样，这个年龄段的幼儿对外界评价特别敏感，当做错事受到大人批评时，会感到害羞、难为情，而且在羞耻感的体验和表现上，女孩比男孩更为明显。羞耻感的出现，为儿童自觉遵守集体规则提供了动力基础。这也是开心这个懂事的女孩格外紧张的原因。

幼儿自尊心受到伤害的机会要比成年人多得多，很多在成年人看来并不要紧的事情都能影响到幼儿的自尊体验。幼儿的自尊心是在日常生活中逐渐培养起来的，不是一蹴而就的，需要成年人更多的关爱和耐心。当孩子发生一些失范行为时，不管是心理还是生理的原因，都可以采取"借梯而下法"，在引导之前或者之后，给孩子一个能接受的理由，在幼儿园、在家庭，都是如此。

（资料来源：《学前教育》）

我国学者杨丽珠等的一项研究表明，我国儿童的社会性主要由以下七个因素构成：① 社会技能，包括遵守群体规则、侵犯性行为的自我控制、诚实、行为坚持性、竞争与合作等；② 自我概念，包括独立性、自我归因、自我评价、自我形象、自尊心和自信心、独立解决问题的能力等；③ 意志品质，包括自控能力、面临两难情境时的果断性、克服困难的能力、自我服务能力等；④ 道德品质，包括移情、利他心、同情和怜悯、互惠和分享、遵守社会规则、同情和依恋父母等；⑤ 社会认知，包括对行为动机和后果的分辨能力、对同伴意见的理解和采纳能力、角色承担能力、对成人要求的理解和采纳能力、对社会和道德规则的理解能力等；⑥ 社会适应，包括对新环境的适应能力、对陌生人的适应能力、对同伴交往的适应能力等；⑦ 社会情绪，包括特殊情况下的情绪状态、与同伴交往时的情绪状态等。

幼儿社会性的发展是儿童社会化的产物，而个性是个体生物因素和社会化的综合结果。因此，两者有着本质的区别。具体地说，个性是幼儿个体经常出现的、比较固定的、本质的心理特征的总和，社会性则是个体在与社会生活环境相互作用的过程中所表现出来的心理与行为特性。同时，幼儿的社会性和个性又有显著的联系。幼儿的个性和社会性发展所涉及的领域是不同的，两者只有协同发展，才能有益于儿童健康成长和更好更快地适应社会。

三、社会化

（一）什么是儿童社会化

儿童社会化及儿童社会性教育是幼儿教育界共同关注的课题。社会性、人格品质是个体素质的核心组成部分，它是通过社会化的过程逐步形成与发展的。社会化是个体在特定的社会和文化环境中，通过与环境的交互作用，逐渐形成适应于该社会所公认的行为方式，由自然人发展成为能够适应社会生活的社会人的过程。社会化是一个将社会规范逐步内化的过程，是经过个体与社会环境的相互作用而实现的。在学前教育中，通常所说的儿童社会化，是指儿童在一定的社会条件下逐步独立地掌握社会规范，正确处理人际关系，从而适应社会生活的心理发展过程。

社会化与个性化相辅相成，是儿童心理发展过程的两个不同侧面。儿童的社会化是一个积极主动的发展过程。由于每个人都具有自己独特的活动、经验和不同的遗传基础，因此每一个儿童都以自身的认知结构和经验系统去接受社会化，都以自己特有的风格、速率和程度进行社会化。从这个意义上说，儿童的社会化本质上是儿童心理的社会分化，即个性化。儿童社会化使其个性良好地适应社会生活。个体的社会化程度越高，对社会生活的适应性也就越强。儿童自出生以后，随着认知能力和自我意识的发展，逐渐从依靠简单反射应付环境到能适应社会生活，这是一个人从自然人向社会人发展的过程。因此，儿童社会化本质上是儿童内部心理感知的扩大化、反映复杂化和表现间接化的过程。

（二）社会化的特点、内容和类型

1. 特点

个体社会化具有一系列特点，其表现为：

第一，个体的社会化有其遗传素质基础。人类的遗传素质是由上代人为下代人提供的、有利于人类从事社会活动的特殊素质。它是通过人类长期社会实践而不断受到社会影响的、为适应人的活动而逐渐形成与发展起来的一种特殊功能。因此，这种素质本身也就包含了人类实践活动的社会因素，并且以生物体内的物化形式遗传给后代。所以，人类这些特殊遗传素质体现了对环境因素的内化作用，从而为人的社会化奠定了生物学基础。

第二，个体的社会化通过个体同与之有关系的其他个体及团体的相互作用而实现。儿童从呱呱坠地就开始与社会上的人发生联系，进行交往，接受影响。

第三，个体的社会化是共同性与个别性的统一。同一国家、同一民族、同一地区，其社会成员有一些共同的心理倾向。比如东方人比较注重情感，家庭观念较重；西方人则富有进取心和冒险性，个人主义更为浓厚。又如我国南方人为人比较精明，情感比较细腻；而北方人则为人比较豪爽，情感比较粗犷。但是，个体的社会化又有其独特的一面，因为社会化是随着每个人所具备的遗传特性、生理需要和状态而有选择地形成的。人们即使生长在相同的环境中，他们的社会行为和社会意识也不尽相同。

第四，个体的社会化贯穿其一生。个体自出生时，就开始在接受社会对其施加的影响。在人生的每一个时期，从婴儿期、幼儿期、儿童期、青少年期、成年期，一直到老年期，无时无刻不在接受社会影响，不断进行社会化。在不同时期，社会化的内容、要求以及进程等是不同的。

2. 内容

社会化的内容可以分为政治社会化、民族社会化、法律社会化、性别角色社会化、道德社会化等。政治社会化的个体，总是赞成或反对某一种政治制度。民族社会化，就是使自然人成为具有民族意识的人的过程，使每个人都能尊重本民族的风俗习惯与民族传统，具有民族自豪感。法律社会化就是使人们能按照法律制度来调节自己的行为。性别角色社会化就是按照社会上规定的性别角色的要求来支配自己的行为。道德社会化就是使人们按照道德标准来支配自己的行为：在社会中为了维护人们的共同利益，协调彼此关系，便产生了调节人们行为的标准，使个人的行为能够根据社会道德标准来进行。

3. 类型

个体在一生中所经历的社会化有许多不同的类型，有早期社会化、预期社会化、发展社会化、反向社会化和再社会化等。早期社会化是发生在生命早期的基本的社会化，主要使儿童掌握语言、学习本领，使儿童将社会规范与价值标准内化，与周围人建立一定的感情，了解他人的思想与观点。预期社会化是引导人们学习今后将要扮演的角色，如：各级各类的职业技术学校制定的培养目标、课程设置、开展的活动等，都是对学生进行职前培训，使他们将来

知识
链接

要不要排队

红红今年3岁,她的爸爸妈妈一直教育她在公共场合要讲秩序、要排队。但在外面玩滑滑梯时,其他孩子基本上从来不排队,红红就急得大叫"要排队,要排队",但没有人听。

【分析】孩子知道排队,还能主动维护公共秩序,难能可贵。这是孩子规则意识建立的过程,也是孩子社会化的过程。很多反社会行为都是从小事情的不注意开始的。如果发自内心地认同排队是好行为,那么不管别人怎样,都应该排队。因为排队不是给别人看的,而是自身对规则的认同与尊重。当有人排队时才排队,别人不排队时就不排队,岂非在进行虚假教育?

当别的孩子不排队时,可以和孩子一起倡导大家排队,也可以独善其身自己做到排队,还可以悄悄地在孩子耳边告诉他"不排队是不对的"。

图1-3　看到其他小朋友不排队就着急的红红

(资料来源:《家庭教育》)

能担当相应的角色。发展社会化是指在早期社会化的基础上进行的,不断地提出新的社会规范和新的社会要求,承担新的任务,扮演新的角色,对已有的社会规范、社会要求等加以补充、改组和替换等。反向社会化是指年轻一代将新的社会文化知识和社会经验传递给年长一代。在现代社会这种现象十分普遍。再社会化是指个体舍弃过去接受的某些社会规范和价值标准,重新学习社会所要求的社会规范与行为方式的过程。再社会化经常在人们部分或全部脱离了他们以前的社会生活环境的情况下出现。

思考与练习

1. 请阐述幼儿社会教育的发展历史。
2. 请试着总结幼儿社会教育的内涵。
3. 请通过翻阅文献或网络查阅《3—6岁儿童学习与发展指南》中社会领域的目标。

第二章

幼儿社会教育的目标内容和方法途径

第一节　幼儿社会教育的目标

学习目标

1. 了解幼儿社会教育目标的概念。
2. 了解幼儿社会教育目标制定的依据。
3. 了解幼儿社会教育目标的结构。

案例导入

设计中班活动"难过的时候"的目标：

1. 知道难过是正常的情绪反应，了解一味地难过会影响人的健康。
2. 学习用适当的方式，排解自己难过的情绪。
3. 愿意保持积极快乐的情绪。

【分析】教师设计的活动目标具有较好的层次结构，不仅有"能力与技能目标"、"认知目标"，同时也兼顾到了"情感与态度"目标；不仅如此，活动目标的定位准确具体，具有较好的操作性，目标与活动环节环环相扣；目标表述以儿童为主语展开，也体现了教师"儿童本位"的教育理念。

幼儿社会教育是教师有目的、有计划地对幼儿施加教育影响，引导他们积极主动地参与活动，并促进其社会认知、社会情感和社会行为等方面健康发展的过程。其目的性和计划性主要表现在教师在开展学前教育时的教育目标制定、教育内容确定、教育方法选择，以及对教育效果的评价等方面。其中教育目标的制定，是幼儿社会教育开展的起点和归宿，也是整个社会教育课程设计的首要环节。

一、幼儿社会教育目标制定的依据

幼儿社会教育目标是根据幼儿教育的主要目标确定的，是幼儿教育总目标的一部分。然而，要制定科学合理的幼儿社会教育目标，必须考虑众多的相关影响因素。现代课程理论之父泰勒认为，课程目标制定依据三大信息来源，即学习者、当代社会生活和学科发展的需求。幼儿社会教育目标的制定也不例外，即以幼儿的发展、当代社会生活对幼儿社会教育提出的要求、幼儿社会教育学科发展的需求这三者为依据。

（一）以《指南》和《纲要》为依据

《纲要》将社会领域作为幼儿园教育的五大领域之一，进一步以社会需求、儿童发展以及学科等因素为依据，明确提出了社会领域的教育目标，包括：① 喜欢参加游戏和各种有益的活动，活动中快乐、自信；② 乐意与人交往，礼貌、大方，对人友好；③ 知道对错，能按基本的社会行为规则行动；④ 乐于接受任务，努力做好力所能及的事；⑤ 爱父母、爱老师、爱同伴、爱家乡、爱祖国。《指南》又进一步明确指出："幼儿社会领域的学习与发展过程是其社会性不断完善并奠定健全人格基础的过程。人际交往和社会适应是幼儿社会学习的主要内容，也是其社会性发展的基本途径。幼儿在与成人和同伴交往的过程中，不仅学习如何与人友好相处，也在学习如何看待自己、对待他人，不断发展适应社会生活的能力。良好的社会性发展对幼儿身心健康和其他各方面的发展都具有重要影响。幼儿的社会性主要是在日常生活和游戏中通过观察和模仿潜移默化地发展起来的。成人应注重自己言行的榜样作用，避免简单生硬的说教。"《指南》和《纲要》两者关系十分紧密。可以说，《纲要》是《指南》实施方向的航标灯，《指南》是《纲要》转化为实践的桥梁。两者有着共同的教育观、儿童观、发展观。例如两者在观念上都强调教育以儿童发展为本，认为游戏是幼儿园的基本活动，重视让每一个幼儿富有个性地发展，等等。这些共同的理念和方针是我们开展社会教育的基本依据和指导思想。

（二）以幼儿的社会性发展水平为依据

现代幼教改革，一直都强调"以幼儿为本"的基本教育思想。而真正将"以幼儿为本"的教育理念落到实处，便是将幼儿的发展作为制定课程目标的主要依据。此外，引导幼儿社会性健康发展，也是幼儿社会教育的最终目的。因此，在学前阶段，儿童社会性发展有哪些潜力，最高能达到什么程度，发展所需的必要条件是否具备等问题，对确立幼儿社会教育目标有直接的影响。如果我们在制定社会教育目标时"心中无幼儿"，那么所制定的教育目标就可能过高或过低，既无法实现促进幼儿社会性发展的根本目的，还可能阻碍幼儿社会性的发展，从而降低社会教育的质量。

以幼儿的社会性发展水平为制定社会教育目标的依据，首先必须掌握幼儿社会性发展的特点和需求，根据他们的发展进程来进行教育。有关幼儿社会性发展的研究，已经为我们提供了丰富的信息。所以，目标制定者就要经常阅读新的研究报告，把握幼儿社会学习的不同年龄阶段的特点，有的放矢地制定幼儿社会教育的目标。除此之外，由于受遗传、家庭、环境以及幼儿自身个性特点等多种因素的影响，幼儿的社会性发展表现出显著的个体差异。因此，在制定社会教育目标时，尤其是对于制定具体教育活动目标的教师而言，需要经常观察儿童，以便真正地了解幼儿的社会性发展水平，从而制定出科学的、合理可行的社会教育目标。

（三）以一定社会的培养目标为依据

幼儿园教育的目的是为祖国的明天培养人才，未来的一代应塑造成什么样的人，幼儿园社会教育担负着重大责任。因此，幼儿园社会教育就需要关注社会的发展，关注社会的未来乃至全世界的未来，其目标的制定要能反映出我们社会的要求和愿望。

在我国现阶段，随着社会经济的发展、改革的深化，人们的很多观念发生了变化，如拜金主义、官本位、社会达尔文主义等不良思想都可能给幼儿的社会性发展带来有害的影响。因此，针对这一社会现实，幼儿园必须在教育上采取一系列措施，调整社会教育的目标，如：强调合作分享、乐于助人、爱护环境等优良品质，将社会的要求融入社会教育之中。最为重要的是要引导幼儿增加对社会现实的了解，明白某些不当行为的严重后果，如不注重保护环境会带来什么严重影响等，从而逐渐塑造自己的行为，满足社会提出的要求。

（四）以幼儿社会教育学科的发展为依据

课程目标的制定还需要考虑学科发展的需要，把握学科本身的知识体系。为了在制定课程目标时更好地解决这一问题，应当积极地向学科专家学习与请教。这是因为，学校的教科书通常都由学科专家编写，基本上反映了他们对学校应该达到哪些教育目标的看法。所以，当课程专家制定课程目标的时候，必须要考虑学科专家的建议。因为只有两者的深入融合，才可能使课程目标的制定更有操作性、更为科学化。就幼儿社会教育而言，幼儿社会发展的特点决定了幼儿社会教育内容是以幼儿的经验为主体构建的。而幼儿社会教育的内容涉及的学科众多，如历史学、社会学、经济学等，每一学科本身的基本目标、知识体系都可能对幼儿园社会教育目标的制定产生影响。

总之，幼儿园社会教育目标制定的四大依据来源必须相互融合，共同促进幼儿发展成为一个"整体的人"。我国幼儿教育新课程改革中的课程目标所蕴含的课程理念之一，就是要塑造这种"整体的人"。

二、幼儿社会教育目标的结构

教育目标总是以一种较为稳定的形式加以组织的，我们称这种组织状态为结构。从纵向的角度来看，幼儿社会教育目标具有一般的层次结构；从横向的角度来看，幼儿社会教育目标则具有独特的分类结构。

（一）幼儿社会教育目标的层次结构

根据目标的概括性程度，可以将幼儿社会教育目标分为三个层次，即社会教育总目标、年龄阶段目标和活动目标。越是高层次的目标，其概括性越高；越是低层次的目标，其概括性越低。目标越具体，越具有可验证性。

1. 幼儿社会教育总目标

幼儿社会教育总目标是社会教育所期望的最终结果，是学前阶段社会教育任务和要求的总和，是对幼儿社会教育目标最为概括的陈述，是其他层次目标的依据和基础。《规程》规定了有关幼儿情感—社会性发展的目标是：萌发幼儿爱家、爱祖国、爱集体、爱劳动、爱科学的情感，诚实、自信、好问、友爱、勇敢、爱惜公物、克服困难、讲礼貌等良好的品德行为和习惯，以及活泼开朗的性格。《指南》则把社会领域目标概括为两大方面：① 人际交往：喜欢交往，能与同伴友好相处，具有自尊、自信、自主的表现，关心、尊重他人；② 社会适应：包括喜欢并适应群体生活，遵守基本的行为规范，具有初步的归属感。两大目标下又有很多具体子目标。

2. 幼儿社会教育年龄阶段目标

幼儿社会教育的年龄阶段目标是总目标在各年龄段上的具体体现，也是对幼儿园各年龄班儿童社会性发展提出的具体要求。年龄阶段目标的主要特点就是将社会教育目标分化为不同的要求，形成对每一个年龄阶段幼儿逐步提高要求的具体目标，引导幼儿逐步达到社会教育的总目标。《指南》中目标的一个主要特点就是具体明确了3—6岁儿童各年龄阶段社会性能力和品质的关键点，他们应当知道什么、能够做什么，要基本达到的发展水平是什么，等等。《指南》的目标和《纲要》相比，呈现出一种立体的二维特点，即在纵向反映了同一年龄段儿童某方面社会性发展的层层推进的特点，横向反映了小中大班儿童某方面社会性发展水平从低到高的发展趋势。这些目标都是以行为为导向进行区分的，这对于从事幼儿教育的工作者和家长而言，是了解孩子的有效资源，据此他们可以针对孩子的发展特点提出有效和富有针对性的教育措施。例如，同样是培养幼儿与同伴交往的能力，不同年龄段的要求是不一样的。小班时，只要求能与同伴友好相处，主动礼貌地问候小朋友；而到中班时，希望幼儿逐渐喜欢和同伴共同游戏，关心弱小同伴；到大班时的目标则是能够主动地带年幼的同伴共同游戏，体验大带小的快乐，愿意与众多的同伴合作游戏。可见，年龄阶段目标来自社会教育的总目标，是社会教育总目标的具体和深入，而且不同年龄阶段的目标之间应该是连续的、衔接的。

图2-1　不同年龄，对幼儿与同伴交往能力的要求也是不一样的

3. 幼儿社会教育活动目标

幼儿社会教育活动目标是总目标和年龄阶段目标的具体化，是教师通过一定的方法和途径可以直接实现的目标。教育活动目标一般由教师自己制定，其最为主要的特点是可操作性强，可以通过具体的教和学的行为，通过师幼及环境的相互作用得以实现。教育活动目标是否充分反映整个社会教育的目标，教育活动目标与整个社会教育目标相比是否具有对应性、是否存在空缺或无效重复，都会在一定程度上影响幼儿园社会教育的质量，影响幼儿社会认知、社会情感和社会行为的发展。

根据上述对目标层次的分析,我们可以看出,幼儿社会教育目标要真正落实到每个幼儿身上,有几个问题需要注意:第一,如何将高层次目标准确地转化为低层次目标;第二,在社会教育实践中,教师如何把握各个层次教育目标的内涵及其相互关系;第三,教师如何根据目标来选择相应的教育内容、方法,从而确保目标的实现。只有真正解决上述三个问题,教师才可能从实践意义上加深对教育目标的认识与理解,从根本上提高幼儿社会教育的质量。

知识链接

幼儿园社会教育活动目标设计中应该注意的问题

一、社会认知、社会情感和社会行为有机结合

幼儿的社会性发展是其社会认知、社会情感和社会行为发展有机统一的过程。简单地说,社会认知指的是幼儿对人与人之间的关系及社会环境的认知,社会情感主要是指他人或环境的变化引起的心理体验,社会行为则是指幼儿在社会环境或与他人交往过程中表现出来的行为。可以说,在幼儿的社会性发展中,三者缺一不可。在设计社会教育活动目标时,教师要有意识地考虑这三个方面。

二、深入挖掘社会教育内容

在设计社会教育活动时,教师要注意深入挖掘社会教育内容,根据教育内容确定切实可行的教育目标。只有这样,才能避免把社会教育活动变成其他领域的活动,才能使社会教育活动真正促进幼儿社会性的发展。

所谓深入挖掘,就是要仔细分析教育内容,思考社会教育活动的本质目标应该如何体现。以中班社会教育活动"嘻嘻哈哈的信"为例。单从题目上看不出这是一个社会教育活动。然而事实上,"嘻嘻哈哈的信"讲了两个好朋友嘻嘻和哈哈在分别一段时间后互相给对方写信表达情感的故事。因此,社会教育活动的目标应该是注重激发幼儿的内心体验,引导幼儿感受他人对自己的感情,并学会表达对他人的感情。如果教师不注重深入挖掘故事内容,很容易浪费这个适合开展教育活动的好故事,而使社会教育活动变成一个与社会领域无关的语言或者美术教育活动。

三、考虑幼儿的年龄特点

在设计社会教育活动目标时,教师要注意考虑不同年龄幼儿的心理发展特点。许多年轻教师由于缺少经验,对幼儿的年龄特点、本班幼儿的特点及不同个体差异了解不足,导致目标设计不适宜,社会教育活动质量不高。

不同年龄幼儿的心理发展水平不同,因此,社会教育的目标设计也要有所差异。一般来说,小班、中班以情感体验为主,辅以行为技能训练及习惯养成;大班则以社会体验和行为习惯养成为主,同时还要注意促进幼儿的社会认知发展。以社会教育活动

"特别的爱给特别的你"为例。考虑到幼儿的年龄特点，中班的重难点是体验残疾人的情感，而大班的重难点则应该是体验残疾人所遇到的困难及其心理需求。在关注发展普遍性的同时，还要注意幼儿的个别教育问题。有些幼儿在进入幼儿园前就已经形成任性、胆小、不合群、自理能力差等特点。教师要注意矫正这些幼儿的问题行为，从而促进其个性的健康发展。因此，在设计社会教育活动目标时，教师应该有意识地把矫正个别幼儿的问题行为作为教育的重点之一。

总之，要使社会教育活动的目标准确、清晰，具有可操作性，就要求教师不断提高自身的专业水平，掌握幼儿社会性发展的规律和特点，掌握幼儿心理发展的年龄特点，了解不同幼儿的个体差异，同时要深入挖掘教育内容的内涵，明确一些社会教育领域的基本概念。只有准确把握社会教育活动的目标，才能围绕目标选择合适的内容和方法，组织好社会教育活动。

（二）《指南》中的幼儿社会教育目标的分类结构

对《指南》中社会领域的学习与发展目标及其在各年龄阶段的表现进行简略的分析，可以发现其内容大致包括：交往态度和交往技能；对自我和对他人的认知、态度和行为；对群体、群体生活及我群关系的感受、态度和行为几方面。其核心价值在于逐步引导幼儿学会共同生活，建立和谐的社会（包括人际）关系，形成良好的社会性/个性品质。《指南》不仅在目标内容上体现了简单明了的特点，同时在目标的划分标准上，也有着自身特点。

《指南》采用的是分类结构划分，分类结构是教育目标的组合构成，是指对社会教育目标进行横向的归聚和划分，从而确定其不同类别。一般从目标内容的角度出发对幼儿社会教育目标的横向结构进行划分，即对社会教育总目标所涉及的具体内容加以分析、归聚和整合，从而确定若干个相对独立的类别。进而再对每一个类别进行深入的分析研究，确定社会教育目标的分类结构，也是总目标的具体化。此外，在具体的划分标准上，采用行为为导向的划分方式。

1. 目标划分的标准：以行为为导向

在目标划分上，《指南》重在导向，而非提供简单的量化"指标"。"社会"这个概念从一定意义上看是一个关系系统，可粗略地分为人与人的关系和人与群体的关系，而人与人的关系通过交往实现，人与社会的关系则是一个认同与适应的过程。所以，《指南》将社会性发展划分人际交往和社会适应两个子领域。

（1）人际交往。从心理学的角度看，人际交往有如下基本功能：① 交流与沟通；② 组织共同活动；③ 形成和发展人与人之间的关系；④ 增进人们之间的相互了解。人际交往的这些功能对幼儿来说更具有特殊的发展意义。鉴于此，《指南》将人际交往列为社会领域的重要子领域,并将其子领域目标定为愿意交往、友好相处、自尊自信自主、善待他人,体现了幼儿教育的发展性和可持续性原则。

（2）社会适应。社会适应是个体在与社会环境相互作用中,不断地学习或修正各种行为和生活方式,最终达到与社会环境保持和谐与平衡的过程,也是个体逐步接受所在社会群体的生活方式、行为规范和价值观的过程。儿童生活的社会群体和机构（家庭、幼儿园、社区等）常常具有一定的组织结构、行为规范和文化特征,会通过角色期望、行为规范、习俗传统等方式影响儿童;儿童作为一个具有主体性的成员也会有选择地接受这些影响,积极地适应社会。

由此可以发现,《指南》的人际交往领域目标从个体出发,描述幼儿应达成的社会交往行为目标;而社会适应领域目标则是从群体出发,描述幼儿在群体中应达成的行为目标。两者之间具有明确可观察的行为指标。借助这些指标,可以迅速有效地对幼儿社会交往水平或者是可能出现的问题进行初步的鉴定和评估。

行为目标的制定

1. 行为目标是以幼儿具体的、可观察的行为来表述的。它指向在实施教学活动以后幼儿身上所发生的行为变化。

2. 行为目标具有客观性和可操作性等特点,主要运用于高结构的集体活动设计。

3. 在表述幼儿园教学活动的行为目标时,行为动词应能清晰地描述幼儿的行为,并且该行为应该是预期幼儿通过活动能形成的、可观察的、可测量的具体行为,如"复述""讲出""列出""指出""数出""画出"等。

2. 以行为为导向划分的优势分析

以行为为导向的划分除了在目标的描述上具有可观察性和客观性,强调社会适应和人际适应并重,也体现出了很大的划分优势和教育战略价值。

首先,《指南》强调了幼儿园教育的目标性,突出了教育与发展之间的辩证关系。具体而言就是,教育必须遵循人的发展规律,不能拔苗助长,在此基础上,教育同时也应当科学地引导发展,促进发展。以人际交往目标"2. 能与同伴友好相处"为例,对于小班的目标是"与同伴发生冲突时,能听从成人的劝解";中班即为"与同伴发生冲突时,能在他人帮助下和平解决";大班为"与同伴发生冲突时能自己协商解决"。这三个年龄阶段的目标之间是层层推进的关系,既体现了鲜明的年龄特征,也体现了教育引导发展的原则。

其次,《指南》梳理了幼儿发展的显性行为,凸显了幼儿园教育与幼儿学习的"最近发展区"。以"3. 具有初步的归属感"为例，分别对3—4岁、4—5岁、5—6岁三个年龄段的显性行为进行描述，即对家庭和亲人的归属感（3—4岁）、对幼儿园和班级的归属感（4—5岁）、对集体和家乡的归属感（5—6岁）进行描述。并以进一步的行为目标描述这一年龄段的最近发展区，例如3—4岁的幼儿知道和自己一起生活的家庭成员及与自己的关系，体会到自己是家庭的一员等。这些归纳和梳理可以让幼儿园教师和家长对于自己孩子的发展水平有一个一目了然的了解，并且可以进一步了解到自己孩子成长中可能存在的薄弱环节，以及时进行教育和指导。

其三，提炼了3—6岁儿童社会性发展的核心经验，给幼儿社会性教育指明了方向。《指南》将社会性发展分为两大板块，即人际交往和社会适应。其中，人际交往分为自我意识、人际交往能力、亲社会行为；社会适应分为社会规则和归属感。这样的区分清晰明了且十分简洁，可以让教师和家长对于孩子发展的主要面有一个大致的了解，为其之后的教育指明了大致的方向。

知识链接

《3—6岁儿童学习与发展指南》中的目标1

目标　愿意与人交往

3—4岁	4—5岁	5—6岁
1. 愿意和小朋友一起游戏。 2. 愿意与熟悉的长辈一起活动	1. 喜欢和小朋友一起游戏，有经常一起玩的小伙伴。 2. 喜欢和长辈交谈，有事愿意告诉长辈	1. 有自己的好朋友，也喜欢结交新朋友。 2. 有问题愿意向别人请教。 3. 有高兴的或有趣的事愿意与大家分享

教育建议：

1. 主动亲近和关心幼儿，经常和他一起游戏或活动，让幼儿感受到与成人交往的快乐，建立亲密的亲子关系和师生关系。

2. 创造交往的机会，让幼儿体会交往的乐趣。如：

● 利用走亲戚、到朋友家做客或有客人来访的时机，鼓励幼儿与他人接触和交谈。

● 鼓励幼儿参加小朋友的游戏，邀请小朋友到家里玩，感受有朋友一起玩的快乐。

● 幼儿园应多为幼儿提供自由交往和游戏的机会，鼓励他们自主选择、自由结伴开展活动。

第二节　幼儿社会教育的内容

学习目标

1. 了解选择幼儿社会教育内容的依据。
2. 了解《纲要》和《指南》对幼儿社会教育内容的相关规定及解析。
3. 了解幼儿社会教育的具体内容。

案例导入

在交往中,幼儿要把自己放在他人的位置上去思考问题,去行动,逐渐学习能体会和理解他人。角色游戏是幼儿交往的重要途径,如:在角色游戏"娃娃家"中,幼儿像妈妈一样照顾孩子、操持家务,像爸爸一样送孩子上幼儿园、去单位上班,从而获得一种切实的体验,以引起情感和行为上的实际变化。因此,我们为幼儿提供充足的游戏时间和空间。在日常生活中,教师帮助幼儿自己协调、解决交往中发生的矛盾冲突及各种问题,以提高他们的交往能力。例如看图书,两三个幼儿争看同一本新书,教师随机引导全班幼儿共同讨论,尽可能想出各种解决方法:三个人一起看,主动让给别人看,交换看,轮流看等。问题解决了,幼儿既学习了社会交往技能,又提高了交往能力。

（资料来源:小精灵儿童网站）

　　幼儿社会教育的内容主要是指幼儿社会领域所包含的特定的现象、事实、规则及问题等基本的组成成分,它们依照一定的原则,形成一个有机的整体。幼儿社会教育的内容是幼儿园社会课程的主体部分,是幼儿园社会课程发挥其功能的关键因素,是实现社会课程目标的重要保证和手段,是幼儿教师设计和实施社会教育活动的主要依据。它既要贯彻社会对儿童发展的要求,又要反映出社会教育理论研究的最新成果,更要符合幼儿个性和社会性发展的规律,立足于幼儿综合素质的早期培养,促进幼儿的社会化。

一、选择幼儿社会教育内容的依据

　　一般来说,课程内容的选择是一个需要审慎从事的过程,人们一直在实践和理论方面对它的目的和方法进行辩论。这个过程是充满理性的过程,选择者必须说明做出选择的各种理由。幼儿社会教育内容的选择是社会课程设计的一项重要工作,也是社会课程设计中最为繁杂的工作。幼儿社会教育内容除了要与幼儿社会教育目标一致外，还应当与社会价值观的要求和幼儿自身的需要、兴趣和身心能力的要求相一致。因此，幼儿社会教育内容的选择应该有下面三个依据。

（一）以幼儿社会教育目标为依据

幼儿社会教育目标是一切幼儿社会教育活动的指针。作为课程设计的一项重要工作，选择社会教育内容必然地受到目标的指导和制约。由于社会教育目标规定了社会教育所应达成的具体结果，即幼儿情感—社会性发展的必然状态，因而所选择的教育内容应该是为实现这一结果服务的。也正是通过一个个具体的、与特定教育目标相对应的教育内容及其教学，才能达成教育目标。因此，幼儿社会教育目标，尤其是《指南》和《纲要》中的目标，是社会教育内容选择的首要依据，依照幼儿社会教育目标及其分解形式选择教育内容是确保全面实现目标的根本所在。因此，在选择社会教育内容的过程中，应努力避免对教育目标的遗漏、偏颇及无效重复，而应力争使所选的教育内容能最有效地实现教育目标。任何只重内容、不重目标，或以活动形式等一系列因素确定社会教育内容的方式都是不足取的。

（二）以社会现实为依据

我们之所以将社会现实作为选择幼儿社会教育内容的依据，主要有以下三个理由。

1. 幼儿社会性发展离不开社会现实

幼儿对他人、对自己、对事物、对社会关系的认知都源于社会现实，社会现实为幼儿社会认知提供了依据，也为幼儿社会教育提供了内容。另外，幼儿社会性情感的发展也离不开一定的社会生活现实，幼儿是通过现实生活及其表象来增加社会认知、发展社会情感及完善社会行为的，社会生活现实与幼儿的社会性发展有着千丝万缕的联系。正是因为越来越深入地走进社会生活，幼儿高级的社会情感迅速地发展起来，形成了道德感、美感和理智感。无数事实表明，与现实生活联系越紧密的内容，越容易被幼儿接受和掌握。

2. 已有的知识体系是幼儿社会教育内容的重要部分

社会现实中存在的已有相关知识体系应该成为选择教育内容的依据。这些知识应该包括社会学知识、伦理学知识、地理学知识、经济学知识、文化学知识、心理学知识和历史学知识等，比较全面、科学地提供幼儿社会教育的内容。贴近幼儿社会现实的科学知识进入社会教育课程的可能性更大，被幼儿接受的可能性也更大一些。

3. 幼儿社会教育内容需要反映社会生活的发展变化

当今社会，科技的发展、经济的进步使得从价值观念、社会理想到社会成员之间的关系，从社区中各种物化的社会产品到人们的生活方式、行为方式都在发生着很大的变化。而幼儿社会教育内容的选择必须充分反映生活的变化，才能起到引导幼儿主动适应变化着的社会的作用。把人类对社会和世界发展的美好愿望以及人类对自己缺乏理性的行为的反省以一定的形式反映在幼儿社会教育内容之中,通过教育,使人类的下一代更珍惜社会、自然,热爱这个世界,并为创造这个世界的美好未来做好充分的准备。

(三)以幼儿的发展为依据

根据幼儿的社会性发展水平选择社会教育内容,主要表现在以下两个方面:

其一,以幼儿社会性发展特点为依据。教育必须针对幼儿的发展特点这一内因施加影响才能发挥作用,见到成效。而由于幼儿现有的生活经验和学习的能力制约着社会教育内容的广度和深度,因此在选择社会教育内容时,必须立足于幼儿已有经验,并有的放矢地适当扩展,使得教育内容真正被幼儿掌握。由于幼儿的认知发展处于前运算阶段,以形象思维为主,所以对于一些观念性、规则性的教育内容,就需要通过各种生动、具体的形式加以呈现,使得幼儿更容易理解和接受。另外,由于幼儿的社会性发展的具体结构存在很大的个体差异,在选择教育内容时一定要根据幼儿社会性发展的需要、社会性发展的不同侧面,使得教育内容更有效地促进幼儿的发展。

其二,以促进幼儿社会性发展为依据。幼儿社会教育的根本目的是要引导发展、巩固发展、促进发展,而不是等待发展。

幼儿社会教育的内容几乎涉及幼儿社会生活的各个方面,归纳起来主要有自我教育、人际交往教育、社会认知教育和多元文化教育四个方面的内容。因此,无论从什么角度确定幼儿社会教育的内容,无论对这些内容如何概括分类,在选择教育内容时都要以"幼儿及幼儿的生活"为出发点。这也就意味着:首先,生活经验是幼儿社会教育内容的来源;其次,幼儿能与之"对话"的学科知识才有引入社会教育内容的价值。

二、《纲要》和《指南》对幼儿社会教育内容的相关规定及解析

《纲要》是进行幼儿园教育工作的依据。因此,在了解幼儿社会教育内容之前,必须把握《纲要》对于幼儿社会教育内容的相关规定。《纲要》在社会领域明确提出了以下内容和要求:

第一,引导幼儿参加游戏和其他各种活动,体验和同伴共处的乐趣。

第二,加强师生之间、同伴之间的交往,培养幼儿对人亲近、友爱的态度,教给他们必要的交往技能,使其学会和睦相处。

第三,为每个幼儿提供表现自己的长处和获得成功感的机会,增强其自尊心和自信心。

第四,提供自由活动的机会,支持幼儿自主地选择和计划活动,并鼓励他们认真努力地完成任务。

第五,在共同的生活和活动中,帮助幼儿理解行为规则的必要性,学习遵守规则。

第六,教育幼儿爱护玩具和其他物品,用完收拾。

第七,引导幼儿接触和认识与自己生活关系密切的不同职业的成人,培养幼儿尊重不同职业人们的劳动。

第八，扩展幼儿对社会生活环境的认识，激发其爱家乡、爱祖国的情感。

《指南》中的社会领域目标有很多具体子目标。例如：

① 引导幼儿参加各种集体活动，体验与教师、同伴等共同生活的乐趣，帮助他们正确认识自己和他人，养成对他人、社会亲近、合作的态度，学习初步的人际交往技能。

② 为每个幼儿提供表现自己长处和获得成功的机会，增强其自尊心和自信心。

③ 提供自由活动的机会，支持幼儿自主地选择、计划活动，鼓励他们通过多方面的努力解决问题，不轻易放弃克服困难的尝试。

④ 在共同的生活和活动中，以多种方式引导幼儿认识、体验并理解基本的社会行为规则，学习自律和尊重他人。

⑤ 教育幼儿爱护玩具和其他物品，爱护公物和公共环境。

⑥ 与家庭、社区合作，引导幼儿了解自己的亲人以及与自己生活有关的各行各业人们的劳动，培养其对劳动者的热爱和对劳动成果的尊重。

⑦ 充分利用社会资源，引导幼儿实际感受祖国文化的丰富与优秀，感受家乡的变化和发展，激发幼儿爱家乡、爱祖国的情感。

⑧ 适当向幼儿介绍我国各民族和世界其他国家、民族的文化，使其感知人类文化的多样性和差异性，培养理解、尊重、平等的态度。

通过以上的比较可发现，其实两个文件在社会领域的学习与发展目标内容是基本一致的。《指南》将所有目标内容归为两个子领域（两类），提纲挈领，条理更加清楚，重点更加突出，更能够反映社会领域对幼儿学习与发展的核心价值，更突出幼儿的主体地位，更反映问题的实质。

三、幼儿社会教育的具体内容

幼儿社会教育的内容并不只是那些写在书本上的内容，或者是由教师直接教给幼儿的知识和技能。一切有助于达到教育目标，能使儿童获得必要的情感体验、知识经验和生活方式经验的东西，都可以作为幼儿社会教育的内容。我们将幼儿社会教育的内容分为两个相互联系的方面，即人际交往和社会适应。《指南》中对幼儿在幼儿园阶段在这两方面应该达到的目标做了详细论述。

知识
链接

幼儿园社会领域课程内容选择的范围

幼儿教育阶段课程内容的选择应不同于小学及其他年龄段课程内容的选择。这种不同主要在于幼儿园课程内容应是具有启蒙性的、最基础的、最具体的及可直观化的。

幼儿园社会领域课程的内容主要涉及以下方面的知识：

1. 社会学的知识，如：社会机构、社会角色、人际关系，社区、社会变迁，民族、社会制度等。

2. 伦理学的知识，如：基本的伦理关系，社会伦理道德、规范等。

3. 地理学的知识，如：行政区划、国家、世界等。

4. 经济学的知识，如：商品、货币，价格、买卖，劳动与利益等。

5. 文化学的知识，如：风俗习惯、民间文化、艺术样式等。

6. 心理学的知识，如：对自我的认识、对他人的认识、各种态度及情感、人的行为等。

7. 历史学的知识，如：人类生活的演进，民族、国家的发展，社区的发展等。

（资料来源：中国教育和科研计算机网）

第三节　幼儿社会教育的方法

学习目标

熟练掌握幼儿社会教育的方法。

案例导入

自信心是一个人对自身力量的认识和充分估计，是自我意识的重要组成部分。中班幼儿期的自我意识处于从生理的自我向社会的自我过渡的时期。在中班社会活动"毛遂自荐"活动中，其中心环节是通过讨论的方式让幼儿大胆说出自己与众不同的特点，将从故事中领会到的对自身优点的关注表达出来。这样一来，幼儿享受到了表达"我最棒"时所带来的那份愉悦，同时也把幼儿自信心引向健康积极的发展方向。

幼儿社会教育的特殊性决定了其方法的独特性和针对性。情境讨论法、社会认知冲突训练法、价值澄清法、移情训练法、角色扮演法等是幼儿社会教育的特殊方法，也是我们重点学习的内容。

一、情境讨论法

情境讨论法是指在教师提供或创设的一种或多种社会情境中，启发和组织儿童对情境中所出现的社会性问题与现象大胆发表自己的看法，并与教师和同伴互相交换观点和认识的一种教育方法。情境讨论法一方面寓教育目标于教育情境中，以美育手段培养儿童的亲社会行为，使儿童在生活中掌握亲社会行为的道德标准，丰富了儿童的道德思维，增强其是非判断能力和社会认知能力；另一方面又以生动直观的语言情境出现，可以让幼儿各抒己见、畅所欲言，学会互相尊重、互相学习，帮助儿童逐步摆脱自我中心。这种方法既有利于培养儿童的语言表达能力，又有利于养成独立思考和灵活应变的能力。运用此方法，要注意以下几个方面。

（一）创设与社会性教育目标及内容相一致的社会教育情境

在幼儿社会教育活动中，要创设一个与社会性教育目标和内容相一致的教育情境，使幼儿置身于社会教育情境中，并能受到与之相应的刺激与暗示，从而学习一定的社会经验，提高儿童独立思考、是非判断和观点采择的能力。

在日常的生活和户外活动中，教师应尽量为儿童创设便于同伴之间交流与合作、关心与帮助、谦让与分享的社会情境，让儿童在主动参与和体验的过程中受到教育。

（二）创设宽松、自由的交谈氛围

教师在组织幼儿开展社会教育活动时，应有意识、有目的地为幼儿创设宽松、自由的交谈氛围，让幼儿想说、敢说、有机会说。教师不要轻易地对幼儿的观点做出正确与否的判断和评价，要以耐心倾听、微笑、欣赏、肯定的态度鼓励幼儿大胆地发表自己的看法和意见。对于幼儿不尽如人意的回答，教师不要急于去阻止、打断、纠正等，要让幼儿在讨论中充分感受集体交谈、讨论的乐趣。

（三）创设符合幼儿认知水平的社会教育情境

随着幼儿年龄的增长，他们的社会生活经验会不断丰富，社会交往范围会不断扩大，但是其经验仍然比较贫乏和零碎，范围比较单一和狭窄。因此，在幼儿社会教育活动中，教师所提供的社会教育情境应该是幼儿比较熟悉的或符合幼儿认知水平的。教师提供给幼儿讨论的话题，应是他们认知过或接触过的、有较多感性认识的，这样才能有谈话和讨论的基础。同时，应该注意话题的难易程度。过于简单或难度太大，都会降低幼儿讨论的兴趣和动力。

（四）运用开放式提问法拓展讨论的深度

在幼儿社会教育活动中，教师可以运用开放式提问法来拓展讨论的深度与难度，并调节讨论的节奏,使讨论不跑题。例如在"我来帮助你"的活动中,老师应该这样提出三个层面的问题:①"生活中你得到过别人的帮助吗?""别人是怎样帮助你的?"②"你帮助过别人吗?""你是怎样帮助别人的?"③"哪些人需要我们帮助?""我们应该怎样帮助他们?"依据幼儿的年龄特征,从他律到自律、从熟悉到陌生、从一般到特殊,紧紧围绕幼儿的亲身体验提出一连串的问题,这样比较清晰地对"帮助"进行阐释,并使幼儿知道社会上有许多需要我们帮助的人。要在讨论中激发幼儿的同情心,体验帮助他人的快乐心情,学习帮助他人的不同方法,从而培养幼儿乐于助人的行为习惯。还要创设一定的情境,让幼儿分担需要别人帮助和帮助别人的角色,如:帮助老师打扫教室、整理玩具与物品、做值日生等。

(五)阐明正确的观点和认识

幼儿在情境讨论中会产生各种意见和想法,有时还很难达成共识。因此,教师要以参与讨论者的身份,在讨论结束后对所讨论的问题进行归纳总结,阐明正确的观点和认识,以强化幼儿对某个问题的正确认识,加深幼儿对社会情境和所讨论话题的理解与把握。

二、社会认知冲突训练法

这是指使幼儿在社会教育活动中发生认知上的冲突,通过情景表演、谈话、讨论等活动,让幼儿寻找正确的解决冲突的办法并付诸实践。这个方法能使幼儿正确而牢固地掌握社会概念,有效地提高幼儿的社会认知水平。这是发展幼儿社会认知的教育模式。这种方法与情境讨论法有相似之处。

运用此方法,教师要注意这样几点:一是努力创设能诱发幼儿社会认知冲突的客观情境;二是不急于向幼儿揭示正确的社会规范和要求;三是引导幼儿在社会认知冲突中主动寻求正确的答案;四是在儿童经历社会冲突和解决冲突的过程之后,再给予正确的意见。

三、价值澄清法

该方法是由美国心理学家、教育学家路易斯·拉思斯(Lais E. Raths)在与他人合著的《价值与教学》一书中提出来的。这一理论的基本内容是:每个人都有自己的价值观,而且每个人都依照自己的价值观行事。尽管价值是个人的、相对的,是不能被他人灌输的,但是有理智的人应该有能力学会运用"评价过程"进行价值澄清,从而形成稳定的价值观。

一个婴儿呱呱坠地的时候只是一个生物体、一个自然人,需要得到成人的精心照料和教育培养,才能逐渐成为一个社会人。他在成长的过程中对周围的世界形成种种态度,从而逐渐形成一定的价值观。按照拉思斯等人的观点,儿童只有通过心理内部的价值澄清,才能建立正确的价值观和恰当的生活方式。因此,所谓价值澄清法,就是通过儿童内部心理活动进行价值选择、价值确定,然后付诸外部行动的一种社会教育方法。有关价值澄清的方法很多,运用于幼儿社会教育中比较典型的方法主要有以下四种。

（一）澄清应答法

这是价值澄清法中最基本、运用最灵活的一种方法。它主要是指教师通过与幼儿的交谈引起幼儿的思考,在相互交流中不知不觉地让幼儿进行内省与价值评价。教师在运用澄清应答法时一定要注意:第一,针对当时的具体情景,要适时、及时地与幼儿进行澄清应答,引导和鼓励孩子进行价值思考;第二,要对幼儿的言行表现出一种非常在意的态度,这样做的目的并不是完全赞同幼儿的言行,而是使幼儿感受到教师对他的关注和尊重。教师在提问和回答时要尽量避免是非的评价与判断,使师生之间的交谈宽松、自由、和谐;第三,要鼓励幼儿对自己的兴趣、爱好、选择和行动进行慎重的思考与评价;第四,价值澄清应答的时间不能过长,只要触发幼儿进行有关价值思考就适可而止,要将思考的机会与答案留给幼儿。

（二）价值表决法

这是指教师事先拟订一系列幼儿关心的价值问题,让全体幼儿一起来表达自己意见的一种方法。教师在运用价值表决法时要注意:第一,编制表决的价值问题要有一个主题,例如"环保小卫士"、"救救大海"等;第二,让幼儿表决的问题不要太多,一般不超过10个问题;第三,表决时要注意面向全体儿童,让每个幼儿都有表决的机会,因为价值表决的目的就是向幼儿提供公开自己价值观的机会。

（三）价值排队法

这是指让幼儿以三四种事物为对象,按从自身观点出发的重要程度为依据为它们排名次并说明理由的一种方法。在幼儿的日常生活中,常常会遇到需要做出价值选择的事情。价值排队法就是要训练幼儿对事物的价值进行分析、比较、筛选的能力,帮助幼儿进一步了解各种事物的价值,并公开表达自己的选择。

 活动方案

大班幼儿排队

1. 公共汽车上的三个人中你最不喜欢哪一个?

　　A. 上车时拼命拥挤

　　B. 在车上大声说话

　　C. 不给老人让座

2. 当看到人行道上有个空的易拉罐时，下面三种行为中你认为哪个做得最好？

    A. 一脚把它高高地踢出去

    B. 拣起来扔到废物箱里

    C. 就像没看见一样跨过去

3. 一个小朋友不小心把妈妈最喜欢的茶杯打碎了，你最喜欢哪种做法？

    A. 妈妈问起来就说"不知道"

    B. 妈妈问起来就说"是隔壁阿婆家的猫打碎的"

    C. 主动向妈妈承认是自己打碎的

教师在设计价值排队的题目时要注意：一是题目的难易程度要符合幼儿的年龄特征和认知水平；二是价值排队的事物数量不能太多，最好是3—4个；三是价值排队事物的内涵不能有交叉和包含关系，否则儿童很难正确地对它们进行价值排队。

（四）展示自我法

这种方法是指教师或家长创造条件，提出一个中心话题，给幼儿提供自由表达的机会，让幼儿围绕这个话题充分地表达表述，如"假如我有一双翅膀""假如我有一朵七色花""我所知道的环境保护的方法""爱护我们的地球""我想这样给爸爸妈妈过生日"等。

展示自我法的目的在于系统地为幼儿提供审视自己的机会，使他们逐渐学会分析自我、检查自我和发现自我。

四、移情训练法

移情又叫感情移入，是一种积极的社会性情绪情感，是在特定的情况下个体对他人情感体验的理解和分享，也就是设身处地站在他人的立场上理解和体验他人的情感。心理学研究表明，幼儿情绪情感发展的主要特点之一，就是其情绪的易感染性。因此，移情可以使幼儿产生某种情感共鸣，从而成为推动幼儿社会行为发展的内在动因。移情还可以使幼儿摆脱"自我中心"，学会设身处地地站在他人的位置思考问题，逐渐形成助人、利他、同情心等亲社会行为，体验由此而带来的友爱与快乐的情绪。然而，幼儿的移情并不是自然而然产生的，而是需要通过一系列移情教育和训练才能够掌握。

移情训练法是幼儿社会领域的一种比较特殊的教育方法，主要涉及社会认知和社会情感两个方面。它是通过讲故事、续编故事、情景表演、生活情境体验、主题游戏等形式，训练幼儿去理解和分享他人的情绪情感，以使幼儿在日后的生活中对他人类似的情绪情感能主动、自然、习惯性地理解和分享，并与之产生共鸣。运用此方法要注意以下几点：

第一，所提供的需要幼儿情感移入的情境或情节，必须是幼儿所熟悉的或能够理解的，还要符合幼儿的年龄特征和认知水平。

第二，移情训练要充分调动幼儿已有的经验和体验，通过让幼儿角色互换来学习换位思考问题，设身处地地体验他人的情绪情感，尝试理解他人的所思所想，以唤起幼儿对情境、情节、角色等的理解与共鸣。

第三，要注重训练幼儿的移情表现，从而使之形成良好的行为习惯，不能仅仅停留在情感同情与共鸣上。

第四，在移情训练中，移情的对象要由人到物、由有生命的到无生命的、由近到远、由熟悉到陌生、由一般到特殊，不断扩大移情的范围。

移情训练法通常要与价值澄清法、角色扮演法、社会认知冲突训练法等方法结合起来使用，才能取得更好的教育成效。

五、角色扮演法

角色扮演，顾名思义，就是通过扮演角色的方式来达到体验及学习的目的。

在幼儿社会教育中，角色扮演法是指模仿现实社会中的某种情境，让幼儿扮演其中的社会角色，使儿童表现出与该角色一致的、符合角色规范的社会行为。幼儿在角色扮演的过程中，能够亲自体验社会角色在不同情境下的内心情感，感知社会角色及其规则、角色之间的关系。这有利于丰富儿童的社会认知、强化社会情感、培养良好的行为习惯。角色扮演法一般较多地运用于以下一些社会行为的训练：

① 社会技巧训练：利用角色扮演学习具体的技巧，如：娃娃家做客、乘车、购物、就医等。

② 价值澄清训练：通过扮演不同的角色，让幼儿感知与了解多元价值的存在，学习思考与澄清自己的价值观。例如在"节日里不休息的人们"活动中，幼儿通过扮演各种节假日不休息的社会角色，如：营业员、公共运营行业的司机及售票员、艺术工作者、医务工作者、记者、服务行业工作者等。他们放弃休息时间为大家服务的价值观为幼儿所感知和理解，对帮助幼儿树立"我为人人、人人为我"的价值观很有帮助。

图2-2　扮演盲人走路的幼儿

③ 社会冲突问题解决的训练：具体学习解决社会冲突问题可行的技巧与态度，有助于解决社会现实生活问题。

④ 释放与排解情绪训练：有时候，问题的困境在于情绪的压抑与抗拒，角色扮演可以让儿童安全地释放与排解情绪情感。

⑤ 同情心的培养训练：扮演角色可以发展幼儿对于各种社会角色的情绪情感与动机的了解，透过角

色体验产生对人的包容、同情与理解。例如通过扮演盲人走路，体验盲人由于无法看到外面的世界而产生的无助、惊慌、恐惧的情感，自然地萌发儿童对残疾朋友的理解和同情心。

运用角色扮演法，应当注意以下几点：

第一，应创设幼儿熟悉、理解和有一定的生活经验的社会角色活动情景，尽量让儿童扮演他们喜爱、了解的社会角色。

第二，教师千万不能分配角色和导演角色，要给幼儿提供一定的自主选择角色、变化角色、创造角色的权利和机会。教师必须强调同一角色可以有不同的扮演和表现方式，同一情境可以有不同的发展与结果，应鼓励幼儿主动、创造性的扮演。

第三，尽量以扮演正面角色为主，角色扮演不应"脸谱化"。更不能为了处罚某个幼儿而故意让他担任特定的角色。尤其注意在角色选派时，其他幼儿的推荐是否有嘲笑和作弄的用意，以免让角色扮演者感受到不安或困窘。

第四，教师要个别指导幼儿的角色扮演，特别需要给予那些个性内向、不善于或羞于扮演的幼儿充分的启发和鼓励。因此，角色扮演活动后的总结或讨论应避免扮演好坏的评价，着重评价社会活动情境的处理和情境的理解力。

第五，角色扮演法有相当大的团体互动作用。教师应平行参加和协同幼儿共同扮演角色，这样既可以提高幼儿对活动的兴趣，又可以有效地指导活动。例如在幼儿扮演角色由于出现不同的观点而陷入矛盾、僵局时，教师可以从角色本位出发组织幼儿进行讨论，加以正确引导。此时，教师的平行角色将产生较大的影响，幼儿会乐于接受教师的意见和建议，因此常常具有意想不到的教育效果。

第四节　幼儿社会教育的途径

学习目标

1. 熟练掌握幼儿社会教育的途径。
2. 在生活中渗透各种促进社会性发展的途径。

案例导入

【案例一】

中班社会教育活动"快乐整理"：活动过程以整理为主线创设情境，情节的推进结合多媒体手段来实现，并通过画外音的形式来串联各个环节，吸引幼儿的注意力，引发幼儿的思考，激发幼儿学习的主动性、积极性。在教具选取上，教师用的是易撕贴的小图标及实实在在的常见物品，让幼儿在动手做一做、动脑想一想的过程中提高整理的能力，感受到合作的快乐。

【案例二】

有位家长遇到了这样的问题：之前家庭聚会的时候，有个亲戚特别喜欢宝宝，非要宝宝分享一颗糖果给她，好不容易宝宝答应了，她又不吃。这样重复了几次之后，宝宝就变得很大方，要什么都给。当时妈妈也没在意，可是最近却发现了问题：有一天，当我把宝宝分享给我的巧克力吃掉的时候，他突然哭了。原来，他以为分享就是把东西给别人之后，别人还会还给自己。而妈妈却把他的巧克力吃掉了，所以他会特别委屈。

遇到这样的情况，应该怎么办呢？其实妈妈可以这样：当宝宝手里有较多的食物时，妈妈可以要求分享一样食物（通常在这种情况下，宝宝比较愿意分享），在征得他的同意后把食物吃掉，并表示感谢。但如果宝宝仍然觉得委屈，你也不用着急，不妨尝试表达共情："妈妈吃了宝宝的巧克力，宝宝心里是不是有点儿难受，觉得妈妈不应该吃，而是应该还给宝宝？"共情之后，再告诉宝宝，当食物或玩具分享给了别人之后，这样东西就不再属于自己了，别人可以吃掉或拿走。下一次，你也可以主动把好吃的分享给宝宝。渐渐地，宝宝就会理解什么是真正的分享了。

我们要根据幼儿社会教育的目标、内容、方法和幼儿的年龄特征，通过不同的教育途径，有针对性地开展社会教育活动。

一、在幼儿园社会领域课程中开展正规的社会性教育活动

正规的社会领域教育活动是一个重要的教育途径。这是指幼儿园有目的、有计划、有组织地对幼儿进行社会教育的活动。根据幼儿的身心发展规律和年龄特征，选择合适的教育活动内容，采用正确有效的教育方法，保证一定的教学时间和教学效果，幼儿教师对儿童的社会性指导才能直接、明显、更具针对性。

教师要精心设计每一个具体的社会教育活动，其目标要明确、具体，具有较强的针对性与可操作性；寻找能承载目标的教育内容，采用有针对性的各种方式方法。比如对于新入园的幼儿，必须进行社会适应性教育，让其喜欢幼儿园，喜欢老师和同伴。这可以选择"高高兴兴上幼儿园"或"我上幼儿园了"为活动的主题与内容，可以采用课堂教学活动方式，也可以采用"大带小"混龄的教育活动方式，还可以采用参观、体验、游戏等方法。通过教师精心设计的一系列入园适应性教育活动，达成入园教育目的。

二、在日常生活中进行良好行为习惯的养成教育

在日常生活中，蕴含着许多社会教育的因素，既可以有目的、有计划、有组织地对儿童进行社会教育活动，又可以随机开展社会行为规范的养成教育活动。养成教育既是幼儿社会性教育的目标，又是幼儿社会性教育的途径。对于它的解释概括起来主要有两种：一种是培养儿童良好的行为习惯，包括道德行为，也包括其他方面的行为，如学习行为；另一种解释只针对道德行为。但人们都承认养成教育应重在培养良好的行为习惯。总而言之，养成教育是指综合多种教育方法和途径，按照一定的道德规范、行为准则培养一个人的道德品质和行为习惯的教育。它以社会公德、言谈举止、待人接物等规范为主要内容，以儿童为主要对象，旨在使其养成自觉遵守社会公德和行为规范的良好的道德品质和行为习惯。

养成教育应该在日常生活中随机进行。幼儿时期，尤其是日常生活中的养成教育效果最佳。例如在幼儿早晨来园活动和下午离园活动中，可以渗透人际交往、文明礼貌、自我服务等养成教育。盥洗时，可以进行个人卫生教育和环境保护、资源再利用教育，培养儿童节约用水的良好习惯，并保持地面的清洁和干燥。进餐时，可以对幼儿进行爱惜粮食、用餐礼仪等教育，还可以介绍博大精深的中外各国、各地区的饮食文化。午睡时，可以进行不干扰、不影响他人的礼仪教育。值日生服务活动和班级集体劳动活动，既可以渗透幼儿的独立生活能力培养，又可以对幼儿进行为集体、为他人服务的教育。教师应具有高度的日常生活养成教育的意识，提高日常生活中进行随机养成教育的能力，有效地对幼儿进行生活习惯、社会行为的养成教育。

三、在幼儿园其他领域教育活动中随机渗透社会性教育

《纲要》中明确指出："幼儿园的教育内容是全面的、启蒙性的，可以相对划分为健康、语言、社会、科学、艺术五个领域，也可作其他不同的划分。各领域的内容相互渗透，从不同的角度促进幼儿情感、态度、能力、知识、技能等方面的发展。"这说明幼儿园教育是促进幼儿全面发展的教育，幼儿的发展是整体的、和谐的、充实的发展，各发展领域是有机联系、相互关联和相互支持的，幼儿园各领域的教育内容也必然是有机联系、相互渗透的。例如在大班的主题社会教育活动"我国的民间传统节日"中，其内容和要求必须通过其他课程领域或幼儿园全部的教育来实现，在实现这一主题的内容和要求的过程中必然渗透其他各领域的内容和要求。这里有健康领域的教育内容，如"登高活动""划龙舟""扔沙包"等民间游戏活动；有语言领域的教育活动，如"话说民间节日""过新年、大拜年"等谈话活动，"嫦娥奔月""年的故事""粽子的来历"等神话故事和民间传说教育活动等，"重阳节的礼物""我和敬老院的爷爷奶奶同过节"等想象讲述活动；有科学领域的"多变的月亮""奇妙的镜片""菊花"等内容；有数学教育活动，如"果子丰收""分月饼""爷爷奶奶的相片框"等内容；有艺术教育活动，如"赏菊""做元宵花灯""折龙舟""包粽子""做月饼"等内容。

活动方案

大班语言活动"无助的流浪猫"

活动目标

1. 在故事中理解动物是人类的好朋友。

2. 尝试根据故事的结尾续编故事。

3. 激发同情爱护小动物的情感。

活动准备

物质准备：音频——流浪猫急促的叫声。

视频：1.给宠物喂食、洗澡,细心照顾它,拥抱它,和它一起游戏。

2.不捕杀鸟类,让鸟类在自然中自由翱翔。

3.拒绝食用鱼翅,保护鲨鱼。

活动过程

一、倾听故事,理解动物是人类的好朋友

提问：什么是好朋友？朋友之间是怎么样的？

（播放音频"流浪猫急促的叫声"）

提问：1.这是谁的声音？小猫可能发生了什么事？

2.小龙儿是怎样对待这位朋友的？

小结：我们的朋友有很多,动物也是我们的朋友,要善待每一位朋友。

二、理解内容,尝试根据原有情节续编故事

（一）感受小猫渴望被关心、得到帮助的情感

提问：1.如果你是这只小猫,当时的心情可能会是什么样的？

2.当得到小龙儿的照顾,这时候的小猫感觉怎么样？

（二）在原有情节的基础上续编故事

提问：如果你是小龙儿的朋友,你还会怎样照顾动物？

小提示：

1. 遇到刚出生的小猫没有妈妈,给它一些食物或者请爸爸妈妈通知宠物救助站的工作人员。

2. 爸爸妈妈开车启动时要提醒他们看一下,车底下有没有正在休息的小动物。

3. 如果流浪的小动物正在睡觉,不要去吓唬它或是打扰它。

小结：流浪动物希望得到我们的关心和爱护,当遇到的时候,我们可以给它提供一些食物,提供一些力所能及的帮助。

三、分享同情之心,引发爱护动物的行为

观摩视频"爱护动物,我们还可以这样做"：

1. 给宠物喂食、洗澡,细心照顾它,拥抱它,和它一起游戏。

2. 不捕杀鸟类,让鸟类在自然中自由翱翔。

3. 拒绝食用鱼翅,保护鲨鱼。

小结：动物是我们的朋友,从我做起,做一个有同情心、愿意爱护动物的孩子。

活动延伸

和爸爸妈妈一起参观宠物救助站,进一步了解救助、帮助流浪动物的一些方式。

　　"同情"是3—6岁儿童亲社会行为中的一种表现,同情的对象包括父母、老师、同伴以及周围的人和动物。很多幼儿在认知层面知道同情、安慰、帮助等是"好的行为",但遇到具体问题时能主动发起这些行为的幼儿并不太多,有时缺少的还是一种由己及人、换位思考的模式和角度。绘本《无助的流浪猫》在语言领域中渗透了社会性教育,通过小龙儿救助流浪猫的故事,能够使幼儿在倾听和讲述中将自己代入故事情境,感受小动物对得到关心和帮助的渴望,从而萌发同情、爱护动物的情感。

　　由此可见,幼儿园社会领域教育不是封闭的,总是要借助其他领域的教育内容、手段和方式。同时,健康、语言、科学、艺术等领域的教育也必然渗透社会领域教育的目标和内容,不同程度地反映亲近社会和自然,反映人类的关爱与合作、同情与帮助等思想,蕴含着积极向上的社会价值和高尚的道德情操。

四、在幼儿园区域活动与游戏活动中补充和延伸社会性教育

　　区域活动和游戏活动既是幼儿园集体社会教育活动的补充和延伸,也是开展幼儿社会教育活动的主要途径之一。区域活动主要是通过创设活动区角,如角色游戏区、建筑区、美工区、音乐区、表演区、语言区、小社会区、饲养区、种植区、阅读区等,给幼儿提供自主选择、自由交往、大胆表达、共同合作、探索发现的机会和空间。教师可以通过活动区域的创设、活动材料的投放来满足幼儿的现实需要,实现社会教育的功能,达成社会教育的目标。例如教师为了培养幼儿的团结合作能力,可以有意识地专门辟出一个积木区,投放一些需要幼儿互相合作、互相帮助的游戏材料,指导和鼓励幼儿共同协商、分工合作,让幼儿在与活动材料、环境、同伴的互动中实现社会性发展。

　　在区域活动中,可以针对幼儿近阶段所关心的热点问题组织专题研讨活动,开展社会新闻话题漫谈活动。教师可以给幼儿布置任务,要求幼儿了解和关心社会新闻,在晨间谈话活动或某一个固定的活动时间里,让儿童围绕一个社会新闻自由谈论,发表自己不同的观点和见解,培养幼儿关心和关注社会新闻的意识,提高儿童的是非判断能力。还可以开展小组合作学习,提供小组成员之间合作的机会,增强活动中同伴之间合作、互动的频度和强度,从而有利于促进幼儿社会化。

游戏是幼儿园最基本的活动形式。游戏对幼儿社会化的影响，早已被许多心理学家、教育家所证实。苏联著名教育家马卡连柯曾说过："未来的活动家，首先是在游戏中培养出来的。"游戏可以促进幼儿社会交往能力的发展和协作行为的发展，使其社会角色意识和社会角色规范得到强化。在游戏活动中，可以对幼儿进行合作、分享、助人、利他等亲社会行为的教育。例如在户外体育锻炼时，教师可以有意识地给幼儿提供2—3人合作的体育运动器械或体育游戏，如接力球、板球、两人三脚的竞走游戏等，从而培养儿童与同伴合作的能力。

图2-3 幼儿扮演医生

游戏还可以较好地解决幼儿要求参加社会实践活动与能力经验缺乏之间的矛盾，特别是角色游戏，更是促进幼儿社会性发展的有效手段。教师要针对幼儿的年龄特征和社会现实需要，通过幼儿扮演的社会角色，引导幼儿树立正确的社会行为意识，体会角色的社会职责，逐渐形成良好的社会行为习惯。比如，扮演医生角色，学习医生对人的关爱、耐心、和气，以及认真、仔细的工作态度和工作作风；扮演警察角色，学习警察爱憎分明、公私分明、忠于职守、无私奉献的精神；扮演售货员，学习他们热情周到的规范服务、文明礼貌的态度等。

五、在节日文化教育活动中对幼儿进行多元文化教育

各种重要节日和纪念日都是对幼儿进行社会教育的宝贵资源和重要机会，也是幼儿分享不同风俗习惯的好时机。幼儿园应当适时地加以充分利用。教师可以利用春节、元宵节、清明节、端午节、中秋节、重阳节等传统节日，对幼儿进行优秀的传统文化教育。比如，在清明节带领幼儿祭扫烈士陵墓；在端午节对幼儿讲述我国民间"包粽子""划龙舟"的由来，学习包粽子的制作手艺；在中秋节组织幼儿一起欣赏"嫦娥奔月"的故事，与全班小朋友学习制作月饼，或是一起赏月、品尝月饼等；在农历正月十五元宵节组织儿童包汤圆、吃汤圆、挂灯笼、赏花灯、猜灯谜，使幼儿逐渐了解和热爱我国的传统民族文化，热爱祖国和家乡。

又如，在重阳节到来的时候，可以开展"爷爷奶奶我爱你"的教育活动，邀请敬老院的老人和社区里的独居老人到幼儿园参加联欢活动，指导幼儿做礼物、做贺卡送给老人，献上自己精心准备的节目供爷爷奶奶欣赏，培养幼儿热爱老人、孝敬长辈的优良品德和思想情感。在国庆节（10月1日）时对幼儿进行爱国主义教育，萌发儿童爱祖国的情感。三八妇女节（3月8日）、六一儿童节（6月1日）、植树节（3月12日）、学雷锋纪念日（3月5日）等一些重要的节日，都是开展社会教育活动的好时机。

六、在家—园—社区合作共育中提高幼儿社会性教育的成效

家庭、幼儿园、社区作为幼儿最早接触的社会文化环境，对幼儿社会性发展所起的作用

是其他任何因素不可比拟的。我们应开发和整合园内外社会教育资源,在家—园—社区合作共育中提高幼儿社会性教育的成效。家长是幼儿天然的第一任教师。家长除了要做幼儿社会行为的楷模和榜样,还要通过家庭日常生活、外出活动以及参观游览等活动,丰富和增强幼儿的社会认知,激发幼儿的社会情感,培养幼儿良好的社会行为习惯等。幼儿园可以通过定期的家长会、家长开放日、家长园地等活动,提高家长对幼儿社会教育重要性的认识,让家长明确幼儿社会教育长期、中期和近期的目标以及相应的社会教育内容,使他们积极配合幼儿园社会教育活动。这样,家园同步,协调一致,促进幼儿社会性的发展。幼儿园也可以开展"介入式"活动,邀请家长共同参与幼儿园社会教育活动。社区里蕴藏着丰富的社会教育资源。应当组织幼儿走向社区,拓展幼儿社会交往的空间,增强幼儿对周围社会环境的认识,促使幼儿融入社会。

思考与练习

1. 试结合具体事例阐述幼儿社会教育的目标内涵。
2. 请你根据图画书《鳄鱼怕怕牙医怕怕》,分别给小、中和大班设置不同的活动目标。
3. 试述确立幼儿社会教育目标的依据。
4. 简要说明选择幼儿社会教育内容的依据和具体内容。
5. 请简要说明实施幼儿社会教育的方法与途径。
6. 结合本章内容试分析以下案例:

近年来,幼儿园的"兴趣班"雨后春笋般兴起。轮滑、手工、美术、足球、跆拳道、书法、舞蹈、钢琴等课程应有尽有。有些家长们趋之若鹜,不少孩子参加了至少2个兴趣班,一些孩子参加的兴趣班达到了3个甚至更多。更离谱的是,有些家长的宝宝才2岁,老师就三天两头叫她报兴趣班。"她连中午吃什么都说不清楚,哪里知道自己有什么兴趣呢?"

乍一看,现在的孩子们可真幸福,只要有兴趣,想学什么有什么。但仔细一琢磨,其中另有门道。这些兴趣班大多一周上两个半天的课,每门课程一个学期近300元学费,多个兴趣班交叉起来,每天下午的时间都被这些"额外教育"占据。换句话说,如果你的孩子没有参加兴趣班,而别的孩子都参加了,每天下午你的孩子只能一个人孤零零地待在教室里。更有家长表示:"老师让报英语班的孩子进教室,让没报的孩子在外面吹风,太不合理了!"不报班的孩子被老师晾在一边,区别对待。

对于当前家长们热衷于将幼儿送入各种不同的兴趣班这一社会现象,结合本章内容谈谈你的观点。

幼儿自我意识的发展和教育

　　上幼儿园的宝宝会表达自己的想法了。就在前几天,儿子从幼儿园回到家就跟我汇报,说淘淘小朋友不吃饭,老师批评他了。我问他:"老师怎么批评淘淘的?"儿子说:"她大声地发火了!"这说明儿子已经会察言观色了,能知道老师批评小朋友的理由了,也有自己的思想和想法了。

　　婴儿从出生起既是一个独特的人,又是一个社会的人。人除了认识客观世界外,还要认识自己的一切,自我意识的发展是一个循序渐进的过程,受到先天条件、环境和文化等各方面因素的影响。其中,社会交往和观点采择能力的发展与幼儿自我意识的形成有着密切关系,幼儿不仅通过他人的外显行为了解其特点,形成对他人的了解和态度,也通过他人对自己的态度和评价形成自我概念和意识。就像案例中的宝宝,他已经能够从他人的评价中获取信息、判断对错了。"自我只存在于一定的与他人的相互关系中"(米德),在某种意义上,"自我概念是他人反馈的函数"(库利)。

第一节　幼儿自我意识的概述

　　了解幼儿自我意识的有关概念。

一、自我的定义

　　自我也称自我意识,是对自己存在的觉察,即自己认识自己的一切,包括认识自己的生理状况(如身高、体重、形态等)、心理特征(如兴趣爱好、能力、性格、气质等)以及自己与他人的关系(如自己与周围人们相处的关系、自己在集体中的位置与作用等)。总之,自我意识就是自己对于所有属于自己身心状况的认识、体验与控制,也是作为主观的我对客观的我的觉察,是对自己个人身心活动的觉察。

二、自我的结构

　　自我的结构是多维度的,可以从形式和内容两方面来认识。

从形式上看，自我是由知、情、意三方面统一构成的高级反应形式。"知"即自我认识，属于自我的认知成分。主要是指个体对自己身心特征和活动状态的认知和评价，包括自我感觉、自我形象、自我概念、自我分析、自我评价等。其中自我概念和自我评价是自我认识的主要方面。"情"即自我情感体验，属于自我的情感成分。主要是指个体对自己所持有的一种态度，包括自我感受、自尊感、自信心、羞耻感、自豪感、自卑感、内疚感和自我欣赏等。其中自尊感是自我情感体验的主要方面，也影响到自我认识和自我调控两个方面。"意"即自我调控，属于自我的意志成分。主要是指个体对自己思想、情感和行为的调节和控制，包括自我监督、自我掌握、自我控制、自我改造、自我教育和自我完善等。其中自我控制是自我调控的主要方面。详见图3-1。

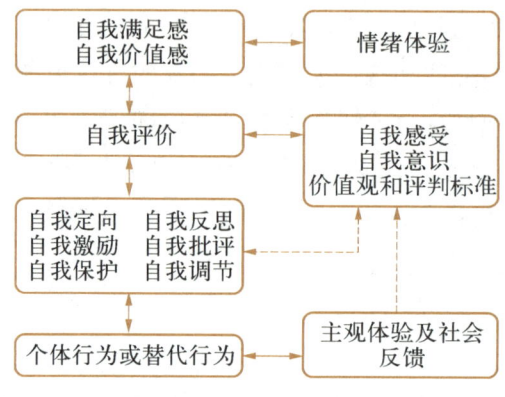

图3-1 自我的结构

从内容上看，自我由物质自我、社会自我和心理自我三方面内容构成。物质自我即生理自我，是指个体对自己的身体外貌、衣着装束、言谈举止、家庭环境和家庭成员以及所有物的认识与评价。社会自我是指在人际交往中个体对自己所承担的角色、权利、义务、责任等，以及自己在群体中的地位、声望和价值等的认识和评价。心理自我即精神自我，是指个体对自己的智力、情感与人格特征以及所持有的价值取向和宗教信仰等的认识与评价。详见表3-1。

▲ 表3-1 自我的内涵

自 我	自 我 认 识	自我情感体验	自 我 控 制
物质的自我	对自己的身体、外貌、衣着、风度、家属、所有物等的认识	自豪感或自卑感	追求身体的外表、物质欲望的满足，维持家庭的利益等
社会的自我	对自己在团体中的名望地位、自己拥有的亲友及经济条件等的认识	自豪感或自卑感	追求名誉地位，与他人竞争，争取得到他人的好感等
心理的自我	对自己的智力、性格、气质、兴趣等特点的认识	自豪感或自卑感	追求信仰，注意行为符合社会规范，要求智慧与能力的发展

第二节　幼儿自我意识发展的年龄特征

学习目标

知道幼儿自我意识发展的年龄特征。

个体的自我意识并非与生俱来,也不单纯是生物成熟的结果,个体的自我意识是在其与周围环境长期的相互作用的过程中形成和发展起来的。幼儿在出生后的前三年,他们的自我意识就逐渐开始萌生了,而个体的自我意识从萌生到相对成熟,大致要经历二十五年左右。个体的自我意识的成熟使得个体能独立地按一定的目标和准则评价自己的品质和能力,能较全面地评价自我,辩证地看待自我,有目的地塑造自我、改造自我,实现自我完善。

一、幼儿自我意识发展的大致顺序

幼儿自我意识发展的顺序一般表现为自我认识——自我命名——自我评价,也就是由"主体我"发展成为"客体我",并且开始具有简单的自我评价。0—1岁婴幼儿的自我发展主要集中在自我认识方面,即把自身和物体分开、把自己和他人分开。这标志着儿童主体我的产生。1—2岁婴幼儿处于言语发生阶段,他们逐渐由单词句向双词句发展,语言的逐渐掌握加快了幼儿自我的形成。他们的自我意识发展主要集中在自我命名方面,即从用第三人称称呼自己逐渐向第一人称"我"转换,如:儿童称呼自己常常用别人称呼自己的方式,例如"宝宝自己来",或者"宝宝吃橘子",或是自己的名字,例如"嘟嘟要"。而幼儿园的孩子逐渐学会用"我"来称呼自己,表明儿童已经完成从自己的表象向抽象的飞跃,这标志着儿童客体我的产生和自我意识的形成。

国外心理学的有关研究发现,2岁以前儿童自我发展的情况如表3-2所示。

▲ 表3-2　0—2岁儿童自我发展的情况

年　　　龄	自　我　认　识
0—3个月	对人特别是对婴儿感兴趣,在自己的身体与他人的身体之间开始有区分
3—8个月	利用动作一致性线索认出自己,对自己与他人的区分更加巩固
8—12个月	利用动作一致性线索和自身外部特征认出自己,开始认识到自己是永久存在的,具有稳定的连续的特征
12—24个月	巩固基本的自我特征,如年龄、性别,能单独用部分特征线索认出自己,可以不需要动作一致性线索

2—3岁婴幼儿逐步具有一定的口语表达能力和思维能力,他们的自我发展主要集中在自我评价方面,开始逐步能把自己与他人加以比较,例如"宝宝乖"。这标志着幼儿简单的自我评价的产生。

知识链接

神奇的"点红实验"

当我们照镜子时,我们知道镜中的人是我们自己。你可能认为这个事实简单到愚蠢。但实际上除了少部分的灵长类,绝大部分动物都没有这一本领。观察一只猴子在镜前的表现,人们会发现它在拼命地想要和镜中的"自己"交流接触,样子滑稽而可笑。相比较而言,大猩猩面对镜子时则会很从容地整理毛发。显然,大猩猩知道镜子中的是自己。对于这些能够认出镜中自己的动物,心理学上认为他们拥有所谓的自我意识,即意识到自己是独立于其他客体的存在。

图3-2 婴儿照镜子,摸鼻子

那么人类的行为如何呢?在婴儿未察觉的情况下(例如熟睡时),往婴儿鼻子上抹上胭脂,观察他们照镜子时的情形。结果发现,十个月左右的婴儿基本无视镜中的自己;而更大一点的婴儿,例如十四五个月的婴儿,他们有些会看着镜子,甚至摸自己抹了胭脂的鼻子。说明这一阶段的婴幼儿的自我意识开始萌芽,他们开始意识到自己作为一个独立的个体存在。而这对于幼儿的发展而言,具有革命性意义,在此基础上,婴幼儿开始真正意义上的对于自身和周围世界的探索。

二、幼儿自我意识发展的一般趋势

儿童从生来并无自我意识,到把自己和自己的动作区分开,把自己作为活动的主体,开始意识到自我的存在和力量,直到当儿童开始使用"我"这个词,才标志着自我意识的发生。之后随着生活范围的扩大、语言的发展,幼儿的社会性、认知开始发展,自我评价、自我体验、自我控制开始发生,能在一定程度上调节、控制自己的行为。随着儿童年龄的增长,儿童的自我意识会不断地发展变化,主要呈现出以下一些发展趋势:

第一,儿童自我认知的内容从反映外部的、可以直接观察的、具体的、有明确参照系统的向与其相反的方向发展。例如,婴儿期儿童最初产生的是生理自我,儿童期逐渐形成行为自我和社会自我,青春期对心理自我的认知才获得充分的发展。比如,当儿童被问到"说说你自己吧"时,三四岁儿童会回答:"我是嘟嘟。""我五岁。"五六岁儿童会说:"我是一个聪明的人。""我喜欢画画。"前者只能从客观的外在看待自己,后者会进行自我评价,进而产生出心理自我。

第二,儿童的自我结构从简单结构发展到分化的、多重的结构,最后才逐渐出现层次性,形成复杂的、整合的自我结构系统。例如三四岁幼儿只知道自己的性别、年龄,简单说出一些自己会做的事,如:"我是嘟嘟,我会画画。"四五岁幼儿知道自己的兴趣、爱好,还能知道自己的一些优点和长处,如:"我很乖,我会唱很多歌,我喜欢唱歌。"此时的自我评价具有很多的层次性,自我表述更复杂也更为全面。

第三,儿童的自我评价从以他人评价为标准发展到独立的自我评价,同时儿童又在不断地脱离自我中心,自我评价的客观度逐步提高。

第四,儿童的自我功能体现出社会适应性逐渐提高。他们区分外部自我和内部自我的能力不断增强,逐渐能够比较实际地判断社会交往情境,并据此判断表现出复杂的社会自我。同时,自我的结构日趋稳定。儿童能够根据自己的内部价值标准和信念体系,以及外部情境的需要来调整自己的行为。

 活动方案

男孩女孩的穿着打扮(小班)

活动目标

1. 初步理解男孩女孩的性别特征。
2. 知道自己的性别并能用简单的话表述自己和同伴的区别。
3. 增强对自己性别的认同感和自豪感。

活动准备

物质准备:

1. 小龙儿图片。
2. 准备班级儿童大头像娃娃。
3. 网上下载男孩女孩的服饰图片(如:男生女生不同的帽子、衣服、鞋子等)。

经验准备:知道男孩女孩不一样。

活动过程

一、看一看,我是女孩/男孩

出示小龙儿图片。

提问:看,这是谁?我是小龙儿,小朋友们好!今天,我家要来客人,猜猜是谁?

小结：原来这两位小客人一位是男孩，一位是女孩，可是小龙儿真糊涂，他怎么也分不清谁是男孩谁是女孩，小朋友们快来帮帮他吧！

提问：谁愿意来告诉小龙儿，谁是男孩，谁是女孩？你是怎么看出来的呀？

小结：是啊！梳小辫子、穿小裙子的是女孩。戴着小帽子、穿着长裤子的是男孩。这下小龙儿总算搞清楚了。

二、说一说，我们不一样

（一）出示男孩女孩不同的帽子图示

提问：瞧！这里有两顶不同的帽子，你们来说说这是男孩的帽子还是女孩的帽子？从哪里看出？

过渡句：还有一些衣服与鞋子需要你们来帮男孩女孩区分整理一下。

小结：原来同样是帽子，男孩女孩的帽子会有所不同，它们的颜色不一样，款式也不一样。

（二）出示短发女孩图片和男孩图片

提问：老师又请来了两位小客人，你们还能分清楚谁是男孩谁是女孩吗？你从哪里发现的？

小结：我们班级有短发的女生吗？原来女孩子也可以剪短发。

（三）你还发现男孩和女孩哪些地方不一样？

小结：男孩和女孩都有自己独一无二的特点，所以男孩子和女孩子是不一样的。

三、玩一玩，我喜欢自己

1. 出示自己班级幼儿的头像以及相对应的服装图片。

过渡句：瞧，我们的好朋友要去参加新年舞会了，快帮他们找到合适的衣服吧。

2. 幼儿选择合适的衣服为男孩、女孩打扮。

3. 交流介绍自己的作品。

要求：上前介绍自己的好朋友，例如：他叫帅帅，他是男孩子，他喜欢穿蓝色的裤子；她叫美美，她是女孩子，她喜欢背粉色的小书包。

小结：经过你们的搭配，我们班的男孩子都很帅气，女孩子都很温柔很漂亮，男孩女孩都很棒！

视频一：我喜欢我自己

说明：视频课程主要培养小班幼儿的生理自我意识，让幼儿了解自己的生理特征，正确认识每个人的相貌都是独一无二的，喜欢并了解自己的相貌，但也不应该嫌弃和讨厌他人或自己的相貌，从而激发幼儿的自信和自尊的情感。

视频二：我有我的主张

说明：视频课程主要培养大班幼儿正确的心理自我，让幼儿意识到自己在班级群体中的地位。每个人在群体中都是平等的，对班级的活动和环境创设都有责任和义务，从大班幼儿介绍自己班级区角的视频我们可以看出，他们不仅对班级区角的材料提供、玩法和规则非常熟悉，而且还能用大方、规范、流畅的语言向别人介绍，体现了幼儿的自信、自主的态度和权利意识。

小班幼儿需要正面引导其形成正确的性别意识。性别角色认知在幼儿阶段并非与生俱来，需要老师正确的引导，帮助幼儿认知性别，通过各种形式的活动让幼儿更好地理解男孩女孩的性别特征。本次活动结合了幼儿的生活经验，从幼儿穿着打扮上让他们充分理解并区分男孩女孩的特征。

第三节　幼儿自我教育的活动设计与实施

学习目标

1. 理解幼儿自我意识对于其社会性发展的意义。
2. 简单了解幼儿自我意识培养的策略以及方法。

幼儿的自我教育可以分为对幼儿自我概念、自我评价和自我控制的教育。

一、3—6岁幼儿自我概念的发展与教育

自我概念是指个体对自我能力（包括认知能力、身体运动能力、人际交往能力）的看法和

知识，以及对自我的总体评价。它所表达的是人们关于自己身心特点的主观知识，所回答的是"我是谁"的问题。3—6岁幼儿自我概念的形成与发展需要具有以下前提条件。

（一）社会互动

幼儿的自我概念是在交往中形成并发展的。在社会交往过程中，幼儿通过他人的评价逐渐认识自己，自我概念不断得到发展。这主要包括：一是对自己呈现给他人的形象的想象；二是对他人关于自己的评价的想象；三是自我情感。

首先，我们来探讨一下幼儿与社会的互动对象。在幼儿的实际生活中，并不是每一个人的评价都对幼儿具有同等重要的影响力，只有那些对幼儿自我概念的发展有重要影响的人才被称作"重要他人"。心理学家埃里克森认为，幼儿心理发展的阶段是幼儿按某一方式被社会化的结果。在幼儿社会化历程的不同时期，正在成长中的幼儿与社会环境之间存在着普遍的冲突。幼儿教养者的行为对该阶段幼儿心理发展起着重要的影响作用。因此，在幼儿不同的发展阶段，影响他们的"重要他人"是不同的，详见表3-3。

▲ 表3-3　幼儿不同发展阶段的重要他人 ①

年　龄	发展阶段	重要他人
0—1岁	乳儿期	母亲
1—3岁	婴儿期	父母
3—6岁	儿童期	父母、教师
6—12岁	童年期	教师、父母、同伴
12—18岁	青少年期	同伴群体、理想"英雄"
18—22岁	青春期	朋友、异性伙伴

从上表中，我们可以清楚地看出，3—6岁幼儿的重要他人主要是家长。这是因为对于他们而言，朝夕相处的是他们的家长，而且家长可以为他们提供各种生活所需，且能力也远胜于他们，所以幼儿倾向于把家长崇高化，认为家长无所不能，故自然而然地对家长表现出遵从。到小学阶段，教师的影响力开始超越家长，这时儿童发现老师具有很大权力，而且家长也似乎十分尊重老师，老师的知识又是那么丰富，于是儿童开始把教师作为自己崇拜的对象，对于教师说的话、做的事情言听计从，而家长则逐步成为次要人物。有关研究也表明教师在儿童自我概念的发展过程中，发挥着长期而又重要的影响，而且这种影响很难被其他影响源所替代。

其次，社会交往不仅通过重要他人影响着幼儿自我概念的发展，而且对幼儿的自我整合过程有重要的作用。幼儿在社会交往中，通过人际间信息、观念的交流与传递，能够获得丰富可靠的文化知识经验，人际交往能力也能得到锻炼与提高。他们学会将这些信息和经验

---

① 张文新.儿童社会性发展［M］.北京：北京师范大学出版社，2000.

整合起来,构成统一协调的自我概念。由上可知,社会交往对幼儿自我概念的发展具有积极的影响,但是有时又不可避免产生一些消极影响,主要表现在:一方面,由于对幼儿评价没有统一的标准,因而个体的自我评价及行为反应会无所适从,表现为自我的不确定性,其突出的表现就是他们在不同的场合、对不同的人表现出迥然不同的"两面派"行为。

小案例

　　小圣的爸爸妈妈自己开公司,在家里,小圣经常模仿爸爸的样子,跷着腿坐椅子,也会模仿爸爸跟下属说话的语气,对爸爸说:"我今天不想听故事了,你们给我放儿歌吧!"爸爸听后,觉得小圣的行为很好玩,逢人就说:"我家小圣从小就有当大老板的气质!"小圣今年去上小班了。在幼儿园里,小圣还是跟在家一样跷着腿坐小椅子,还会对老师说:"这个游戏我不想玩了,你换个别的游戏吧!"老师批评了小圣,从此小圣在幼儿园里的表现就和其他小朋友一样。但是回到家里,爸爸还是希望小圣表现出"小老板"的样子。于是小圣在家时是一个"小老板",在幼儿园时是一个"乖宝宝"。

　　另一方面,同伴是幼儿进行社会比较的对象。由于同伴各方面的能力在不断发展,幼儿往往感觉不到自己的进步,这类比较往往影响幼儿的自我评价,也是造成幼儿自信心不足、自卑心理产生的因素之一。例如有的幼儿会做出一些不适宜的行为,用打架和摔东西等方式来引起老师的关注。

(二)社会发展认知水平

　　社会发展认知水平是决定幼儿自我概念发展的条件之一。实际上,婴儿从出生起,就从胎内的环境中摆脱出来,开始了"我"的最初演化。婴儿在自己的生活与他人的生活之间不做区分,并认为自己和他人环境是共生的、一体的关系,把自我概念仅仅局限于自己身体的局部或全部。3—6岁儿童的自我意识非常简单,他们对事物的体验非好即坏,容易把自己的冲动与他所处的文化混淆。随着自我概念的不断发展,他们逐渐意识到,在每一对具有两极的特征之间还存在着一定的变差。儿童期儿童的自我概念主要反映生理方面的内容;3—6岁幼儿的自我概念开始涉及自己与父母、同伴的关系;学龄期的儿童则逐渐形成与学校有关的自我概念和学业自我概念。因此,幼儿认知能力的发展正处于直觉行动性思维向具体形象性思维过渡的阶段。

(三)社会比较能力

　　社会比较能力是指个体在头脑中将自己的观点与他人的观点、自我的特征与他人的特征联系起来加以比较的能力。社会比较最早出现于3—6岁时期。随着儿童各方面能力的发展,比较内容逐渐扩大,比较标准逐渐抽象。儿童的社会比较,最早时仅仅局限于身体和外部行为的比较，而后逐步转向学业成绩、人际关系和心理品质等方面的比较。譬如，3—4岁的儿童能这样比较："我长得比你高！" 4—5岁的儿童能这样比较："我吃饭吃得比你快！" 5—6岁的幼儿能这样比较："我和他是好朋友，比你跟他亲多了！"

（四）观点采择能力

个体的观点采择能力是指个体在自我认知或社会交往中脱离自我中心的限制进行思维运算的能力，即个体与交往对象之间转换观察问题的角度，在自身内部与他人的观点进行交流，想象、体验他人的观点，并将自我与他人的观点进行比较，进而采纳他人的观点的能力。幼儿是在采择社会观点和生活观点的过程中逐步得到发展的，观点采择能力的发展有利于提高幼儿自我认知的客观化程度。

3—6岁幼儿正处于主观的或分化的观点采择阶段，他们周围的文化是典型的父母—孩子的"三角关系"，以及双亲在日常生活中给孩子提供的榜样。其中既有成人对儿童文化"控制"的一面，又有文化"放手"的一面。文化的"控制"主要表现为承认孩子的幻想，按照孩子的认知水平传递信息等，例如对于幼儿提出的问题和观点要善于倾听和回应，给予其充分的理解和支持。"放手"则主要表现为促进孩子从幻想和冲动的文化中摆脱出来，鼓励儿童对自己的情感负责，如不再与父母同床共眠、去幼儿园不再哭闹、不能抢夺别人的物品等。这一阶段的家长和教师必须学会用一种理性而坚决的态度来应对孩子的无理取闹，这样幼儿的爱恋热点会逐渐从"三角关系"中转移出来，开始意识到别人也像他一样，也有自己的观点和情感，从而认识到不能随心所欲。

综上所述，我们可以知道幼儿自我概念的发展是在多种条件作用下形成的。不仅与幼儿自身的认知发展有关，也与他们和周围环境的互动有关。因此，家长和教师首先应当仔细观察并理解幼儿的种种行为。比如当2岁左右的幼儿不吃饭时，应当先观察他不吃饭的原因，也许他的面前正好有一个好玩的玩具，让他时时想着玩玩具而忽略了吃饭，这正是因为该幼儿还无法理解"我想"和"我应该"之间的关系；而6岁左右的幼儿就能够很好地根据当时的状况来判断自己的行为是否正确，并且改正。其次，家长和教师应当要根据幼儿的年龄特点，选择适当的应对方式。就拿刚才的例子来谈，面对2岁的幼儿，成人可以避免在吃饭时间让玩具出现在孩子面前；面对6岁的孩子，若他出现了因玩玩具而不吃饭的行为，成人则可以直接告诉他："现在是吃饭的时间，并不适合玩玩具。玩具就放在这里，你可以吃完饭以后再玩。"最后，成人要对幼儿正确的行为及时肯定和鼓励，让他不断巩固良好行为。

二、幼儿自我评价的发展与教育

自我评价是指个体对自己个性心理特征及外部行为表现的判断与评估。自我评价是自我意识的一种表现，是一种自我对象化、自我否定和自我揭短的过程，是一种需要学习的能力。幼儿的自我评价是随着他们的自我概念不断发展而发展的。

（一）幼儿自我评价的发展趋势

3—6岁幼儿自我评价是随着年龄的发展而发展的。2岁幼儿开始产生自我形象，能够把主体和客体分开，在人际交往中以及在他人评价过程中学会自我评价。3—4岁之间均数差异最大，发展速度比4—5岁幼儿要快得多。具体地说，3—6岁儿童的自我评价呈现出以下发展趋势，见表3-4。

▲ 表3-4　3—6岁儿童自我评价发展趋势

3—6岁初期	具　体　表　现	3—6岁后期	具　体　表　现
轻信和运用成人的评价	"老师说我是个好宝宝。"	自己独立	"我觉得我是个好孩子。""不是的，我才是好孩子。"
带有极大主观情绪性	问："斌斌为什么是个好孩子？"答："他胖乎乎的，很好玩。"	比较客观	问："斌斌为什么是个好孩子？"答："他经常帮助别人，老师也常常表扬他。"
笼统不分化	"我是好孩子。"	比较具体细致	"因为我今天被老师表扬了，所以我是个好孩子。"
对外部行为	"我吃饭吃得好。"	对内心品质（还在过渡阶段）	"我是一个聪明的孩子。"
局部（多集中于自己的名字和年龄）	"我是嘟嘟。""我三岁了。"	比较全面	"我喜欢画画。""我很聪明。"

（二）幼儿自我评价恰当性的发展趋势

自我评价是一种主观判断，它与客观实际相符的程度就是自我评价的恰当性。我们知道，恰当的自我评价是个体行为积极的调节因素。3—6岁幼儿自我评价的总体水平还比较低，自我评价的能力也比较差。在成人的帮助下，3—6岁幼儿自我评价的水平随着年龄的增长而不断提高，尤其是恰当的自我评价能力具有显著的变化。3—6岁幼儿自我评价恰当性的主要发展趋势是：3—4岁幼儿一般自评过高，随着年龄的增长，自评的恰当率逐渐提高，自评过高率逐渐下降；4—5岁幼儿自我评价由偏高逐渐转向恰当，恰当的自评开始占主要地位；5—6岁幼儿恰当的自评已占主导地位，自评过低率有一定增加，与评价过高率基本趋于一致。

这也许是因为大班幼儿已产生初步的自我理想，由此引起他们对现实自我的种种不满，同时随着他们心理的发展，自我意识中的保护机制逐渐开始发挥作用。有些幼儿会以过低的自评来保护自己的自尊或取悦成人，加上幼儿园的相关教育，教师、同伴以及家长等的影响，部分幼儿可能会形成过分谦虚或自卑的性格倾向，这些都会影响3—6岁幼儿自评的恰当性。

活动方案

毛遂自荐（中班）

活动目标

1. 倾听故事，知道毛遂自荐的含义。

2. 能在集体中用连贯的语言介绍自己的本领。

3. 树立正确接纳自己的态度。

活动准备

物质准备：故事《毛遂自荐》。

经验准备：有在集体面前介绍自己的经验。

活动过程

一、导入环节：知道毛遂自荐的含义

（一）教师讲述故事《毛遂自荐》

师：故事的名字叫什么？

　　故事里发生了什么事情？

　　你们知道什么是"自荐"吗？

小结：自荐就是自我推荐，即自己说出自己的优点和本领。

（二）讨论方法

师：一个人如果有本领，别人又不知道，该怎么办呢？有什么好方法让别人知道自己的本领？

小结：当一个人有本领而别人不知道的时候，他可以勇敢地站出来自我推荐。

二、中心环节：尝试介绍自己的本领

（一）教师说说自己的本领

师：你们觉得我有什么本领？

小结：我会教小朋友新的知识和本领，我关心班级里的每一个小朋友，当小朋友需要我的时候我会及时帮助他。瞧！老师是不是很棒啊？

（二）幼儿大胆表述

提问：你们也一定有自己的优点，你的优点是什么？

小结：原来小朋友各自都有这么多的优点，听你们这么一说，我更加喜欢你们了。

结束环节：毛遂自荐自己。

师：有这么多优点和本领的你们想要毛遂自荐担任哪方面的值日生呢？

小结：能用自己的本领为自己赢来机会，原来我们都是最棒的！

三、幼儿自我控制的发展

自我控制简称自制,是自我调节的主要方面。自我调节和自我控制两个概念经常被交替使用。实际上,这两个概念是有一定区别的。自我调节是指在没有外部指导和监视的情况下,个体维持其行为历程以达到某一特定目的的过程。自我控制是个体对自身的心理与行为的主动掌握,是个体不受外界因素的影响,自觉地选择目标,控制自己的情感和行为,从而保证目标的实现。它不仅是人类个体意志力的表现,也是个体完成各种任务、协调与他人关系、成功地适应社会的必要条件。自我控制能力的发展,是个体行为由不自觉到自觉的发展过程的一个重要因素。个体成长过程始终伴随着自我控制能力的发展。

(一)幼儿自我控制能力的结构

3—6岁幼儿自我控制能力主要由自制力、自觉性、坚持性、自我延迟满足四个方面构成。

1. 自制力

在幼儿园里,有的幼儿即使很喜欢别人手上的玩具,但是如果别人不愿意给,也能够控制住自己,选择其他玩具;而有的孩子则会不管三七二十一,先抢了玩再说。有的孩子上课能够很安静地坐着,专心地听老师的话;有的孩子则四处张望或是窃窃私语。前一种幼儿表现出的就是自制力,这主要表现为通过抑制直接的、短期的欲望而控制冲动的能力,是3—6岁幼儿自我控制能力极其重要的基本成分。

作为自我控制能力初级表现的抑制冲动,是3—6岁幼儿自我控制能力发展的基础,而监督调节则是3—6岁幼儿自我控制能力成熟的高级表现。3—6岁幼儿的自控能力还达不到高度灵活的自我监督调节的水平,他们的行为往往缺乏思考,表现出冲动性的特点。在成长的过程中,幼儿逐渐克服其冲动性,学会控制自己的活动性,主要表现在对动作、运动、认知活动、情绪情感的控制上,体现出他们各自独特的个性特征。

图3-3　不争抢别人的玩具

2. 自觉性

这主要表现为在无人监督的情况下,对禁止体验的认识和与看护人期望相一致的动机以及相应的行为上。比如,老师有事离开了班级,走之前提醒孩子不要出去,但是有的孩子仍然会利用这一时机,溜出去玩。这表明这些孩子的自觉性水平相对较低。自觉性在幼儿自我控制过程中起提醒和监督作用。

3. 坚持性

这主要表现为在某种困难情境中,为达到某一目的而坚持不懈地克服困难,并在此过程中表现出持续或持久性的一种行为倾向。一样遇到麻烦,有的幼儿尝试了几次失败之后就会离开,但是有的幼儿会坚持不断尝试,直到最后成功。

4. 自我延迟满足

这是一种为了更有价值的长远结果而放弃即时满足的抉择取向，以及在等待中所展示出来的自控能力。它在3—6岁幼儿自控结构中居于高层次地位，对于3—6岁幼儿自身的社会化进程具有重要的意义。

> **小班自我控制活动：虫虫，忍住**
>
> 教师："老师每人发一颗巧克力豆，如果谁能忍住一会不吃，那么一会就能吃两颗，你们想挑战一下吗？"
> 幼儿1："想的！"
> 幼儿2："我口水都要流下来了！"
> ……

（二）3—6岁幼儿自控能力发展的年龄特征

2岁的幼儿才发展出自我控制能力。随后，在其自身生理条件不断成熟的情况下，在成人的指导教育下，通过与外界环境的交互作用，幼儿逐渐学会控制自己的活动。3—5岁幼儿自控能力的发展随着年龄的增长而呈上升的趋势，3—4岁发展较慢，4—5岁相对较快。这主要是因为3岁幼儿其大脑皮质抑制机能尚未完善，兴奋过程占优势，表现为活泼好动，自我控制水平比较低。随着年龄的增长，幼儿大脑皮质的抑制机能逐渐完善，兴奋与抑制过程逐渐平衡；同时，随着认知能力的发展和外在的各种教育因素介入，幼儿对行为规则的理解与掌握逐渐深入与内化，形成自觉的规则意识，并且不断地约束与控制自己的行为，达到行为与规则的统一。因此，4—5岁是幼儿自我控制能力迅速发展的飞跃时期。

研究表明，3—5岁是幼儿自我控制能力发展的关键年龄。5岁以后，总的发展趋势不再明显，但各因素的情况有差异。比如自制力发展的关键期是3—4岁和6—7岁，坚持性发展的关键期是6—7岁，情绪控制发展的关键期是6—7岁，独立性发展的关键期是3—4岁和7—8岁，动机控制发展的关键期是3—5岁，幼儿的自觉性发展则呈波浪式发展。

3—6岁幼儿自我控制能力的发展具有明显的性别差异，且所有的差异基本上都表现为女孩分数高于男孩。我国学者谢军的研究发现，在自觉性、自制力、动机控制和坚持性四个因素上性别差异明显，在情绪控制和独立性两个因素上性别差异则不明显。

（三）3—6岁幼儿自控能力发展的策略

1. 给儿童充分的尊重和良好的教育，帮助其形成正确的自我概念

如前所述，3—6岁幼儿自我意识的突出特点是具有很强的他律性，他们往往是以成人的

评价为依据来评价自己,从而形成对自己的认知。尤其是父母对孩子的评价,往往成为儿童评价自己的重要标准和依据。父母应充分地尊重儿童,按照儿童的实际情况,正确地看待儿童。心理学理论认为:父母的及时鼓励、适度表扬,能使幼儿获得愉快而积极的情绪体验。父母的积极评价、流露出的友好感情、显示出的欣赏态度,必然会转化为儿童积极努力、奋发向上、自强不息的动力,并且对儿童形成正确的自我概念将产生深刻的影响。

图3-4 父母的正面评价能让幼儿获得积极的情绪体验

2. 给幼儿自我实现和成功体验的机会,培养其自信心

充分的、自由的自我表达与表现,是个体自我获得成功的重要体验,是培养儿童自信心的重要途径。我国学者杨丽珠对个案的跟踪观察研究表明,3—6岁儿童获得成功体验的程度高低与他们自信心的强弱密切相关。当儿童从事某项活动后自我感到成功,就会有一种精神上的满足和喜悦体验,进一步产生"自我激励"的心理状态,自信心也就随之建立。反之,在活动中,如果儿童经常遭受挫折和失败,自我否定就会越来越多,自信心也就随之减弱。因此,成人在组织幼儿开展各种活动时,要对不同发展水平的幼儿设置不同的目标,使每个幼儿经过努力都能在原有水平上得到发展,获得不同程度的成功体验,增强儿童的自信心。

3. 给幼儿交往和对话的权利与机会,使其学会自我评价

交往与对话是儿童充分发展的需要。换言之,有交往与对话的教育才是真正意义的教育。在家庭、幼儿园和社区开展的各项社会教育活动中,如果家长、幼儿教师、同伴和社会成员能与幼儿真诚地交往与对话,幼儿就能充分地表达真实的感受,并自主地建构认知系统。家长或教师也能在真诚的对话与交往中发现幼儿丰富的内心世界,了解幼儿对社会生活的认知与探索,发展幼儿的语言能力,因为幼儿常常是为了解决日常生活中遇到的人际问题才与人进行沟通、对话与交流的。与此同时,幼儿在人际交往与对话中拓展思维,学会理解他人,学会合作与竞争,不断地发展和提高人际交往技能;并在此过程中,掌握基本的社会行为规则,逐渐克服自我中心,适应集体生活和社会活动,不断地实现个性和社会性的和谐发展。

4. 给幼儿提供多元的、有效的训练,使其学会自我控制

3—6岁幼儿自控能力的发展,主要受环境和教育因素的影响。培养幼儿的自控能力包括两种相反相成的机能,即发动和维持一种有目的的、指向性的行动,抑制一种合意的、但不符合社会要求的行为。我们应该在多元的系统中使幼儿获得丰富的社会生活经验,并随着幼儿年龄的增长、能力的提高,对他们提出更高的要求。

培养3—6岁幼儿自控能力发展的基本要素有:① 具有趣味性和规则性的外部活动情境;② 幼儿具有活动的兴趣和动机;③ 成人对幼儿讲解目标、规则,表扬、奖励,正确地评价幼儿以及激发幼儿上进的一些言语指导;④ 幼儿对自我控制的目标、规则的理解程度;⑤ 幼儿按规则扮演社会角色的自主性;⑥ 幼儿校正、调节自己心理品质的主动性等。这些要素的不断发展,促进3—6岁幼儿自控能力的发展。

活动方案

我好能干啊（小班）

活动目标

1. 大胆地说说自己会干的事,萌发自豪感。

2. 学会做一些力所能及的事。

活动准备

1. 幼儿收集家人照片(需要家长的配合)。

2. 收集幼儿生活技能的图片。

3. 制作"我能自己做"展示板(图表左边是每个孩子的头像/照片,右边是4—5项基本的生活技能要求)。

活动过程

1. 情景导入:我可爱的家人。

(1)师:小朋友们,今天有把家里人的照片带来吗? 带来的话就拿出来吧。

(手里拿一张照片)

组织交流:向同伴、教师介绍自己家中有哪些人,他们长什么样。

(2)师:你家里谁最大,谁最小呢?

(如:最大的是爷爷奶奶或外公外婆,最小的是我)

2. 我会做的事。

(1)师:在家里、在幼儿园,你能帮大人做什么呢?

(如:我早上会自己起床,穿衣服等)

(2)我们虽然小,但我们很能干!(出示幼儿生活技能的图片)

3. 延伸活动:出示"我能自己做"展示板,向幼儿介绍记录方法(学会做一件事,就在相应的格子里画上一个圆圈)。

项　目 姓　名	👕	💧	🍚	🗑	👢
👧					
👦					
⋮					

活动方案

自 我 介 绍

活动目标

1. 在游戏中引导幼儿学习自我介绍的方法,培养幼儿主动交往的能力。

2. 幼儿主动大胆地向同伴介绍自己的名字、年龄。

3. 启发幼儿大胆想象还有哪些场合需要自我介绍,初步培养幼儿发散思维的能力。

活动准备

1. 木偶娃娃1个,玩具电话2部。

2. 幼儿每人自制名片1张(幼儿自己的照片裁成名片大小,背面写上姓名和年龄)。

活动过程

1. 教师出示木偶娃娃和电话,以"娃娃"的口吻进行自我介绍:"小朋友们好! 我叫×××,今年3岁,今天是我的生日,我想请一些新朋友到我家来做客,你们愿意来吗? 谁要想来,请给我打电话,告诉我你叫什么名字,几岁了。"

点评:以游戏的形式展开课题,激发幼儿介绍自我的兴趣。

2. 请愿意做客的幼儿来给娃娃打电话,并向娃娃介绍自己的名字、年龄等。

点评:通过打电话,幼儿能很快掌握自我介绍的方法,为幼儿的主动交往打下基础。

3. 教师组织讨论,提出启发性问题:小朋友你们在什么时候向别人介绍自己呢? (如妈妈带着去陌生人家中做客、表演节目、打电话、迷路时等)引导幼儿发散性地思考问题。

点评:开发性问题的提出,让幼儿在已有生活经验的基础上,进一步打开思路,培养了幼儿发散思维的能力。

4. 玩游戏:送名片。鼓励幼儿主动去寻找一位伙伴,通过自我介绍、互送名片的形式去认识新朋友。

点评:幼儿主动交往能力在游戏中得到锻炼。互送名片增加了游戏的趣味性,也能反映当今社会的人际交往的方式。

5. 教师小结:今天我们学会了一种认识朋友的新方法——介绍自己。你们把朋友的名片带回家中介绍给爸爸妈妈。明天,我们到娃娃家做客也可以把自己的名片送给娃娃。

思考与练习

1. 结合本章内容,阐述自我意识发展的一般趋势。

2. 说说关于自我意识都有哪些理论,并结合自身实践,谈谈自己的理解。

3. 自我意识发展的主要影响因素有哪些?

第四章

幼儿人际交往能力的发展与教育

案例导入

　　娃娃家里，兰兰扮演了妈妈。这时玲玲走进娃娃家，手一叉对兰兰说："我要当妈妈，照顾宝宝，你去当姐姐或者阿姨吧！"兰兰不愿意，两人一来一往争执了起来。玲玲说："兰兰，你昨天已经当过妈妈了，今天应该换我！我也想照顾宝宝！"兰兰"回击"道："前两天都是你在当，我才当了一天，不公平！今天还是我来当！"在争执得不可开交的时候，玲玲一气之下伸手推了一把兰兰，兰兰一下子摔在地上。爬起来的兰兰脸上气呼呼的，头一回就不理玲玲了。

　　过了一会儿，两个人都冷静下来，玲玲抱着娃娃家的宝宝找到了兰兰，并且跟兰兰说："我们一起来照顾这个宝宝吧。"玲玲表达了歉意。兰兰看了看宝宝，也感受到了玲玲的歉意，就点点头。两人一起照顾宝宝，不一会儿就和好如初了。

　　在这个案例中，我们可以看到，在碰到冲突的时候，两个孩子能运用协商的手段来达到自己的目的；在冲突发生后，也能够及时认识到自己的错误，向对方道歉，说明这两个孩子都能够用适当的方式进行交往。随着孩子年龄的增长、认知能力的提高和活动范围的扩大，他们会逐渐从家庭走向幼儿园和社会，与老师、同伴以及其他社会群体交往。一般来说，孩子交往最为频繁的除了自己的父母，就是幼儿园的老师和同伴们了。

　　《指南》中儿童社会领域的两大亚领域的划分是以行为为导向的，分别是人际交往和社会适应，目标简化为交往行为。在人际交往这个亚领域中，有喜欢交往、能与同伴友好相处、具有自尊自信和自主的表现、关心尊重他人等子目标。由此可见，学前阶段对儿童进行人际交往教育，不仅有利于儿童学会与教师、同伴、家长以及其他社会成员交往，而且对儿童长大后的人际交往也有着深远的影响。因此，幼儿园要为幼儿提供人际相互交往的机会和条件，促进幼儿人际交往能力的健康发展。

第一节　幼儿人际交往的概述

学习目标

　　1. 了解幼儿人际交往的有关概念。

　　2. 理解幼儿人际交往的意义。

一、幼儿人际交往的概念和主要类型

人际交往也称人际沟通，指个体通过一定的语言、文字或肢体语言、动作、表情等表达手段将某种信息传递给其他个体的过程。人际交往既是儿童社会性发展的重要内容，又是影响儿童社会性发展的重要影响因素。由于幼儿的交往主体是家长、教师、同伴和其他社会成员，因此，幼儿人际交往主要分为以下四种类型。

（一）亲子交往

父母是孩子的第一任老师。孩子一出生，首先接触的就是父母，并与父母朝夕相处，父母对孩子的社会性发展有着非常重要的影响。亲子交往主要是指子女与父母间的人际交往活动。早期亲子关系是以后幼儿建立同他人关系的基础，幼儿早期亲子关系好，就比较容易跟其他人建立良好的人际关系。在1—3岁期间离开父母、由他人抚养的孩子，往往胆小，与同伴主动交往的能力差，在个性方面存在的问题也多，如独立性差、任性等。这是由于幼儿早期与父母分离，缺乏安全感造成的。比如在亲子交往活动中，教师可以在六一儿童节、三八妇女节、重阳节、母亲节、父亲节等一些节日中，将幼儿的父母请到幼儿园，积极参与儿童的活动；也可以组织儿童和家长一起外出游玩、参观，开展亲子运动会、亲子联谊会等活动。让幼儿与父母积极互动，促进亲子交往，增进亲子间的了解，密切亲子关系。

（二）同伴交往

同伴交往是指以同伴为交往对象的活动，主要包括游戏和社会化活动。交往双方都处于同年龄水平，大多采用直接交往和平行交往的形式，但是在低年龄幼儿交往中非语言交往、单向交往也时常出现。同伴交往比较能够体现幼儿的人际交往水平，如六一儿童节开展"大带小"的游园活动。同伴交往活动主要培养幼儿同伴之间的人际交往能力，引导幼儿参与同伴间的合作、分享、协商、互助等活动，逐步学会移情体验、换位思考，了解与接纳别人的想法。比如在"怎样当哥哥姐姐"的活动中，大班幼儿不仅要在生活上照顾好小班幼儿，帮他们系鞋带、背包等，还要教弟弟妹妹如何观察、感知周围世界，更要随时随地纠正他们一些不正确的社会行为，如乱扔垃圾等。

（三）师幼交往

师幼关系是教师和幼儿在教育教学和交往过程中形成的比较稳定的人际关系，与亲子关系、同伴关系等相比，师幼关系的特殊之处在于它蕴含着教育的

图4-1 师幼关系是一种特殊的"教育关系"

因素，是一种特殊的"教育关系"。教师是幼儿在园中的主要交往对象之一。师幼交往活动一般都是以个体与个体、个体与群体、下行交往和语言交往为主要形式，有时也会有平行交往、上行交往、非语言交往和间接交往等交往类型。有研究表明，在幼儿园的师幼交往中，由教师开启的师幼互动事件（即下行交往）占69%，而以幼儿作为施动者、教师作为受动者的师幼互动事件（即上行交往）只占31%，前者相当于后者的两倍。可见在师幼交往中教师与幼儿还未达成真正意义上的平等对话关系。幼儿园应加强师幼交往活动，培养幼儿与教师交往的能力。与亲子交往活动有区别的是，师幼交往活动相对比较正式一些。

（四）与其他社会成员的交往

幼儿生活在社会中，除了家长、同伴、老师之外，还需要与社会上其他的成人交往，如亲戚，营业员、售票员等各种行业的工作人员。一般来说，幼儿参加外出参观访问等活动时，就有机会与不同职业的人员接触，可以锻炼其人际交往能力。比如重阳节时，幼儿园组织幼儿去敬老院慰问爷爷奶奶，幼儿可以学习如何与长辈交往。

另外，教师也可以将从事各种职业的工作人员请到幼儿园中来，让幼儿与其互动，在此过程中指导幼儿用正确的方式与人进行交往。比如请交通警察到幼儿园给幼儿开设交通安全知识讲座，幼儿积极发问，有效思考，既掌握了交通规则和交通安全的相关知识，又参与了与人交往的实践活动。

二、幼儿同伴交往的概述

《指南》中重点关注幼儿同伴交往的能力。同伴关系在儿童成长的过程中具有成人无法替代的独特作用。

（一）同伴关系的涵义

同伴是指彼此之间有同等地位的人。同伴关系是指年龄相同或相近的幼儿之间或心理发展水平相当的个体之间在交往过程中建立和发展起来的一种人际关系。幼儿通常喜欢与同龄伙伴交往。一些研究发现，男女幼儿在同伴交往中表现出明显的性别差异。男孩比较喜欢与比自己年龄大的幼儿交往，而女孩则喜欢与比自己年龄小的幼儿交往。幼儿选择同性别伙伴交往的比例大于与异性交往的比例，而且有随着年龄增长而增长的趋势。女孩在游戏中的交往水平比男孩高，女孩大多喜欢开展合作性游戏，对同伴反应积极；而男孩对同伴的消极反应明显多于女孩。

（二）同伴关系的功能

同伴关系是幼儿成长过程中不可或缺的一种人际关系。良好的同伴关系在幼儿的发展和社会适应中起着重要的作用，其主要表现在以下方面：

1. 有助于幼儿社交技巧的获得

同伴交往可以锻炼幼儿的言语沟通和人际交往的能力。当幼儿学会如何处理与解决同伴交往中出现的冲突时，增强了社会观点采择能力，促进了社会交流所需技能的获得。就像开篇案例中的兰兰和玲玲，在冲突的过程中能够讲述自己的看法，也能够听取对方的意见，情绪平复之后和好，她们在这过程中都获得了解决冲突的方法。在与同伴的交往中，幼儿也能逐渐明确同伴之间合作的重要性，意识到积极的同伴交往是可以通过一定的社交技巧而获得的。

2. 有助于幼儿安全感和归属感的形成

同伴关系可以满足幼儿的社交需要，有助于幼儿安全感和归属感的形成。幼儿在社会化过程中，经常会遇到一些烦恼与困惑、紧张与焦虑。除了从父母和老师那里得到安慰和帮助以外，他们还常常可以在同伴那里得到宽慰和同情，并能够宣泄自己的情感。

小案例

丽丽是个插班生，来到新的幼儿园读大班。但是丽丽在区角游戏和角色游戏时从来不主动加入其他小朋友的活动，所以每次游戏时她就自己一个人在旁边看着，或者只玩可以独立操作的游戏。老师发现了这个问题，想跟丽丽谈谈，希望她能去主动加入游戏，丽丽却不仅不依，还躲得远远的。于是老师就请班上玩得好的小朋友主动去邀请她加入游戏。很快，丽丽就认识了班上所有的小朋友，也找到了自己的好朋友，从而慢慢接纳了新班级、新老师。

从上述案例中我们可以看出，同伴群体对幼儿的认同与接纳，有时比亲人的认同与接纳更加重要。当幼儿知道团体中的成员赞同或肯定自己的行为时，就会表现出愿意遵守群体的规范、愿意与人合作的态度，以希望得到群体更多的认同与接纳。这对幼儿安全感和归属感的形成具有积极的影响。

3. 有助于幼儿自我概念和人格的发展

同伴交往可以帮助幼儿形成自己的态度和价值观念。同伴交往提供的活动领域可以使幼儿采择父母的价值观念，从中吸取精华、扬弃糟粕；还可以通过来自各种具有不同价值体系背景的幼儿来检验自己的观念和情感等。

在实际的交往中，幼儿逐渐地认识到他人的特征以及自己在他人心目中的形象和地位，学会与他人共同参与活动，学会如何相互作用和如何处理与他人的矛盾，学会如何坚持自己的主张或放弃自己的意见。同伴的行为和活动就像一面镜子，为幼儿提供自我评价的参照，使幼儿能够通过对照更好地认识自己。在同伴互动的过程中，幼儿确定了自己相对于同龄伙伴的角色和地位，并在平等的环境中认识到领导者和追随者的角色，这样可以帮助幼儿克服自我中心，从而有利于自我概念和人格的发展。

第二节　幼儿人际交往能力发展的年龄特征

学习目标

知道幼儿人际交往的年龄特征。

幼儿同伴交往对其社会化的顺利进行、道德品质的发展以及健康心理品质的形成，都会起独特的作用。同伴交往不良不仅会影响儿童当时的发展，而且会影响其以后的社会适应，还可能导致退缩、攻击、逃学等各种社会行为问题。因此，必须帮助幼儿建立良好的同伴关系。幼儿的同伴关系是通过相互作用的过程表现出来的。在0—6岁不同的年龄阶段，幼儿的同伴关系表现出不同的发展特点。

一、0—3岁婴儿同伴关系的发展特点

0—3岁的婴儿很早就能够对同伴的出现和行为做出反应。他们在与同伴交往中获得许多社会行为以及如何与他人交往的相关知识，这既促使他们的社会行为向友好积极的方向发展，又促进社交技能及策略的获得，同时还促进其情绪情感和认知能力的发展。

大量的研究证实，婴儿期同伴交往是以一种固定的程序发展的，大体可以分为三个阶段：

第一阶段是客体中心阶段，大约出现在婴儿6个月之前。此时婴儿的同伴交往更多地集中于玩具或物体，或者把交往对象当做玩具，而不是婴儿本身。

第二阶段是简单交往阶段，出现在婴儿6个月之后。此时的婴儿已能对同伴的行为做出反应，经常企图去控制同伴的行为，比如爬向同伴、跟随在同伴身后等。

第三阶段是互补性交往阶段，大约出现在1岁以后。此时同伴间的交往趋于互补，出现了比较复杂的社交行为，相互间模仿行为较多，如一个躲藏一个寻找，一个跑一个追等。但有时也会有消极的行为，如推搡、咬人、抓挠、抢东西等。

二、3—6岁幼儿同伴关系的发展特点

3—6岁幼儿阶段，幼儿与同伴相互作用的频率进一步增加，社会交往的总体水平显著提高。言语交往成为同伴之间主要的交往形式，互动的质量也逐渐提高。幼儿认知能力和言语技能的发展改变着同伴交往的性质。3—6岁幼儿能够互相交流思想，分享有关活动的知识，参加集体性的角色游戏；能够与同伴共同商议与讨论游戏规则的制定、游戏角色的分配、

游戏场地的划分、游戏材料的使用、游戏情节的建构，等等。游戏中，同伴之间有较多合作和互助的成分。游戏成为3—6岁幼儿同伴交往的主要形式。

（一）小班(3—4岁)幼儿人际交往能力的特点

（1）以自我为中心阶段，喜欢平行游戏或独自玩耍，不会主动发出加入游戏或活动的请求。

著名心理学家皮亚杰认为，幼儿在2—5岁这一年龄阶段中，规则对幼儿还没有约束力，他们没有把规则看成是应该遵守的。幼儿按照想象去执行规则，把外在环境看作是自我的延伸，还没有把主体与客体分离，不能将自己与周围环境区别。他们的游戏活动只是个人独立活动的任意行为，与成人、同伴之间还没

图4-2　喂青蛙吃豆豆

有形成合作关系。这一阶段的幼儿，由于受认知的局限和思维发展水平的影响，还不理解成人或周围环境对他们的要求，往往是我行我素。

根据小班幼儿的这个特性，小班教室中的区域游戏材料多为独立能完成的材料，如：喂青蛙吃豆豆、给小猴排身高、拼拼图等。

（2）喜欢和熟悉的人交往，交往较被动，不会主动与人打招呼。

小案例

早晨奶奶带小花上幼儿园。到了小（1）班的教室，小花马上就跑到区域游戏里去找自己喜欢的玩具了。奶奶提醒小花："要说老师早。"小花这才想起来忘了什么，马上说："老师早，阿姨早。"

小班幼儿刚刚从家庭踏入幼儿园，交往圈从原本的家人扩大到了幼儿园的老师和小伙伴。这使得他们需要一段时间去适应一个新环境，去摸索一个新依靠。掌握不多的交往技能，或者是性格原因，使得他们比较喜欢和熟悉的人交往。比如当你问小班幼儿"你的好朋友是谁"时，他们经常会回答你"我和×××是好朋友"，而不是"我跟×××和×××是好朋友"。或者你问他们比较喜欢老师还是家人，他们一定会回答是家人。不过，即使主动发起交往较为困难，只要他们能够应邀，也算是迈出了与人交往的一大步了。

（3）交往中出现问题时不会用语言表达来解决问题，常用动作来解决，容易产生独霸和争抢玩具等现象。

小案例

午餐过后的自由建构时间,妙妙很快就吃完了饭,于是自己拿了一小筐积木在搭。之后每个孩子吃完饭,都自己去拿了一小筐积木玩。随着吃完饭的人越来越多,放好的积木也没有了。东东走到妙妙旁边,拿了两块积木准备开始搭。妙妙一把抢过积木,生气地对东东说:"这是我的,不许拿!"说着还打了东东一下。东东哭起来,引来了老师,老师告诉妙妙,积木是小朋友大家一起玩的,不是一个人的,还让妙妙四处看看是不是每一筐积木都有好几个小朋友在玩。听完老师的话后,妙妙虽然还是很不情愿将积木分享给东东,却也了解了"幼儿园的玩具是大家一起玩的"的道理。

小班幼儿掌握的人际交往策略有限,因此他们会选择最原始、最有效、他们认为最能够解决问题的方式来解决冲突。同时前面也提到,小班幼儿处于以自我为中心阶段,比较不能从他人的角度去看事情,不能用换位思考的方式去理解他人的想法。因此,小班阶段幼儿之间很容易产生矛盾,也会出现较多"不讲理"的情况。

(二)中班(4—5岁)幼儿人际交往能力的特点

(1)喜欢从事结伙和合作的游戏与活动。

帕顿(Parten)根据儿童在游戏中的社会性参与水平,将游戏分为六种形式:① 无所事事:这是一种无目的的活动,如在房间里把布娃娃丢过来甩过去;② 袖手旁观的行为:儿童只是站在游戏场外远远地观望同伴的活动,始终不愿意加入;③ 独自游戏:不与任何人发生关系的独自游戏,这点在前面的小班幼儿人际交往特点中有提到;④ 平行游戏:与同伴玩同样的玩具或游戏,但相互之间没有任何交往;⑤ 结伴游戏:无组织地共同游戏,有时相互之间会借玩具或交换玩具;⑥ 合作游戏:有组织、有规则和有"小组领袖"的共同活动。

图4-3　双人对对碰

中班幼儿开始进行去自我中心化了,即逐渐能够从他人的角度去看他人的想法,比如从"因为自己生气了而去打人"到"知道打人会让对方很疼,所以会寻求别的方式发泄自己的情绪"。此外,随着幼儿自信心增强和参与游戏活动技能的提高,独自游戏逐渐减少,群体游戏逐渐增加。

(2)开始尝试和自己喜欢的人主动交往,能主动参与自己感兴趣的活动。

人们常说"物以类聚,人以群分",这在幼儿中也不例外。在幼儿园中,每个幼儿一定都有自己喜欢亲近的人,可以是老师也可以是小伙伴。在同伴群体中,同伴关系可以分为五种接纳类型:① 受欢迎幼儿:这是指在同伴中获得的积极提名多,消极提名少,被大多数同伴喜欢的幼儿;② 被拒斥幼儿:这是指被大多数同伴消极提名,不被同伴喜欢,受到同伴拒绝和排斥的幼儿;③ 被忽视幼儿:这是指一些很少被同伴提名的幼儿,无论是积极提名还是消极提名；④ 矛盾的幼儿：这是指被某些同伴喜欢，同时又被其他一些同伴看作具有破坏性、不被喜欢的幼儿；⑤ 一般幼儿：这是指被同伴接纳程度处于一般情况的幼儿。一般来说前四类幼儿在群体中约占2/3，一般幼儿约占1/3。

小案例

　　小小是一个多才多艺又开朗的小女孩，她画的画总是被老师表扬；幼儿园举办班级舞蹈大赛，小小也是班上的小领舞。正是因为小小的闪光点，大家都愿意和小小做朋友。角色游戏时，总能看到小小忙活的身影：一会儿有小朋友请她帮忙编排小舞台的舞蹈，一会儿有小朋友请她评评自己的画好不好看，一会儿有小朋友邀请她一起下棋……

（3）交往中大多能与同伴合作、互助、分享。

小案例

　　自由游戏时间，露露拿出了一根变身魔杖。琪琪和云云看见了都想玩这根魔杖。琪琪跟露露说："露露，我用我的芭比娃娃跟你交换这根魔杖好吗？"云云跟露露说："我只带了一本故事书，不知道你喜不喜欢看，我能跟你交换吗？"露露想了想，说："我只有一根魔杖，我先跟琪琪交换，过一会儿再跟云云交换好吗？"多亏露露想了个两全其美的方法，今天三个好朋友都玩到了自己喜欢的玩具。

　　与小班幼儿不同，中班幼儿同伴之间的相处，往往会引发亲社会行为的出现。这些亲社会行为不仅能够帮助幼儿进行良好的同伴交往，也能提高幼儿的社会适应性和引发优良的道德品质。

　　（4）交往技能较欠缺，遇到问题常常退缩或出现攻击性行为，或者喜欢告状，寻求成人的帮助。

小案例

　　小南是班上的"皮大王"，集体活动的时候总是说一些和活动主题无关的话，既影响老师的活动流程，也影响其他小朋友的活动。区域游戏时，小南也没有找一份自己想玩的玩具玩，而是在别的小朋友旁边指指点点："你这里弄错了！""你画得好好笑！"有的小朋友直接告诉他："我在画画，你不要影响我。"有的小朋友则是跑去找到老师，跟老师说了这件事。也有的小朋友个性内向，不敢直接指责小南，也不敢告诉老师。最后，老师请小南自己坐在旁边想想集体活动时间不能做什么、应该做什么，以增强小南的规则意识。

从上述案例中可以看出，虽然中班的幼儿与人交往的欲望浓厚，但是在交往过程中总是会发生一些问题，如产生矛盾、合作失败等。案例中的小南就是违反秩序的代表。这时，交往技能欠缺的幼儿往往会向成人求助，或者用极端的方式去解决问题。因此需要成人对这种同时对某一个人的告状引起重视，及时解决问题。

（三）大班(5—6岁)幼儿人际交往能力的特点

大班幼儿的特点相较于小班和中班幼儿更为具体，也更为丰富。

（1）有固定的玩伴，喜欢与同性别的伙伴一起玩。

大班幼儿性别意识增强，渐渐有了"随大部队"的情况发生。同时，同性别的幼儿比较会有共同的喜好，如男孩喜欢"打怪兽"、"开赛车"等话题，而女孩则比较喜欢娃娃家、小舞台等角色游戏。

（2）能主动发起或加入同伴的游戏或活动。

随着交往能力的增强，幼儿在交往中已经能从被动地位转变成主动地位了。对他们来说，发起一次交往已经基本上没有太大问题。

（3）参与的基本上都是有组织、有规则、有分工和有"小组领袖"的共同活动和合作游戏。

图4-4　集体舞"洋娃娃和小熊跳舞"

大班幼儿已经能够体验到合作带来的方便及快乐：不仅能够节省很多力气，还能达到更好的效果。比如建构游戏时，有的人负责选积木，有的人负责设计，有的人负责修改……

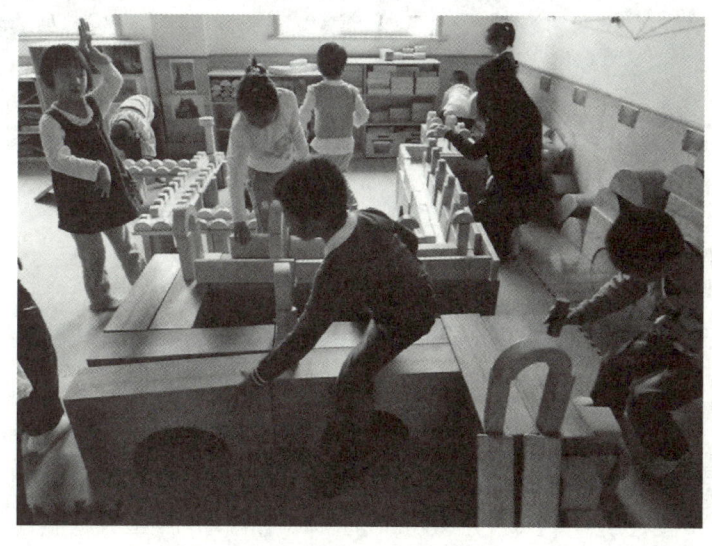

图4-5　齐心协力搭大桥

小案例

　　飞飞、小灿和小贤在玩扑克牌比大小的游戏（见图4-6、4-7）。飞飞是裁判，洗了牌，并发好了牌。小灿的牌里有一张最大的"K"，于是他一直出它。小贤因为没有"K"，所以一直输，他非常着急。小贤眼看自己快要输惨了，虽然还在继续玩，但是表情看得出来很难过。后来小灿开始扭来扭去的，为什么呢？只听他对小贤说："我的背很痒，帮我抓一下吧。"原来如此。小贤此时开动了脑筋，对小灿说："那我帮你抓，等一下你出牌的时候不要再出大的了。"小灿想了想没说话，像是默认了小贤的想法。抓完痒继续开始游戏。小灿的确让了小贤三局，后来又开始出"K"了。虽然小贤最后还是输了，但通过自己的"机智"让自己还不至于输得那么惨，心里面还是感到很满足。

　　（4）在共同游戏和活动中能与同伴协商和讨论，发表自己的想法，能耐心倾听同伴的意见和建议，出现矛盾和问题时大多能自己协商解决。

　　幼儿习得越来越多的交往技能，充满挑战精神的大班幼儿也逐渐脱离成人的帮助，能够自己解决的问题都尽量自己解决。

　　（5）当被别人欺负时能据理力争，看到好朋友被人欺负时也能帮助辩护或打抱不平。

图4-6　扑克牌游戏材料

图4-7　扑克牌比大小游戏

小案例

　　建构游戏时，方方为了搭出一个拱形，将圆圆搭好的城堡上的拱形积木给拆了下来。圆圆指责方方道："你为什么要拿我的积木？"方方说："我的城堡需要这个。""但是你不能不跟我说一下就拿走呀！快点还给我！"两个人争执起来。圆圆觉得方方没经过自己同意就拆了自己辛辛苦苦搭好的城堡，方方应该把拿走的积木还给他；方方则是因为自己的城堡需要这块积木，所以不能还给方方，即使这块积木是抢来的。一旁的纯纯看见了所有事情的经过，放下自己的积木，"狠狠地"对方方说："你拿走人家的积木就是不对的！你要跟方方道歉，快点把积木还给他！"看见有人来帮自己，圆圆底气也足了起来。虽然圆圆和纯纯两人一起指责方方的不是，方方却一点都不为所动。最后还是只能请老师来帮忙解决这个问题。

保护自己和判断是非也是交往技能中较为重要的两项。好朋友之间虽然要讲究"义气"，但是要在自己安全的前提下再讲究，否则就是两者俱伤。

视频三：学习合作

说明：视频中四个游戏活动分别体现了幼儿人际交往中"分工、协商、合作、配合、齐心协力"五点内容。视频采用有趣的游戏方式，注重情境的创设，有效地整合幼儿生活中已有经验与认知水平，创设让幼儿可以共同合作和比赛的游戏环境，让幼儿在游戏环境中互动，发生问题能一起协商解决，合作任务能够一起齐心协力完成，使幼儿在有效的环境下和同伴交往。

扫一扫，看视频

三、同伴关系的影响因素

（一）社会行为特征

行为特征是幼儿社会能力的重要体现。幼儿的亲社会行为与受同伴欢迎有关，而攻击性和破坏性行为与被同伴拒绝、排斥有关。受欢迎幼儿、被拒斥幼儿和被忽视幼儿的社会行为特征具有很大的差异，见表4-1。

▲ 表4-1 受欢迎幼儿、被拒斥幼儿和被忽视幼儿的社会行为特征

受欢迎幼儿	被拒斥幼儿	被忽视幼儿
积极、快乐的性情	多破坏行为	容易害羞
外表吸引人	好与人争论和反社会	很少攻击，对他人的攻击常表现出退缩
有许多双向交往	极度活跃	反社会行为少
高水平的合作游戏	说话过多	不敢自我表现
愿意与人分享	反复试图与社会接近	许多单独活动
能坚持交往	合作游戏少，不愿分享	逃避双向交往，花较多的时间和群体在一起

（续表）

受欢迎幼儿	被拒斥幼儿	被忽视幼儿
被看作好领导	许多单独活动	
缺乏攻击性	常有不适当的行为	

从表4-1中可以看出，受欢迎幼儿通常好交际、友好、支持同伴，能够发动和维持相互交往，能够和平地解决争端，表现出许多亲社会行为，较少表现攻击性行为。

根据不同的行为特征，可以把被拒斥幼儿分为两种类型：攻击性幼儿和退缩性幼儿。攻击性幼儿常常采用强迫手段去支配他人或他人的物品，使同伴与其疏远。他们一般不善合作，经常批评同伴群体的活动，极少表现出亲社会行为。他们倾向于将他人的行为做敌意的解释，即使事实上并非如此。此外，他们还常常过高地估计自己的社会地位，认为自己比大多数同伴受欢迎。这类幼儿到青春期后期以及成人之后更有可能使用暴力。退缩性幼儿常常表现出许多无效的、不成熟的行为，对同伴群体的期望反应比较迟钝。与攻击性幼儿不同的是，他们知道其他幼儿不喜欢自己，因而感到孤独和自卑，容易体验到挫折以及其他的情绪障碍。他们对批评过分敏感，缺乏同伴支持，容易成为同伴欺负的对象。

被忽视幼儿通常比较消极、害羞，不善交谈。他们虽然会花较多的时间和同伴群体在一起，但是他们逃避双向交往，很少会努力地加入群体活动，也很少引起他人的注意。他们的攻击性行为少，对他人的攻击常表现出退缩。

《指南》在行为规则领域中，明确提出幼儿要有诚实、公正的表现，其中不欺负弱小同伴是衡量幼儿是否有攻击性行为的重要指标之一。因此，对于攻击性行为的内涵与内容以及如何帮助幼儿减少和控制攻击性行为，应当引起我们的重视。

（二）性格特征

性格是个性中最重要的心理特征。研究发现，幼儿的性格特点对同伴关系具有一定的影响：受同伴欢迎的幼儿性格比较外向，不易冲动和发脾气，活泼好动，善于言谈，敢于自我表现；被同伴拒斥的幼儿性格外向，活泼好动，很爱说话，脾气急躁，容易冲动和乱发脾气，也比较敢于自我表现；被同伴忽视的幼儿一般性格内向，好静不好动，慢性子，好脾气，不易兴奋和冲动，不太爱说话，容易害羞，不敢自我表现。

（三）外貌特征

外貌特征也是影响幼儿同伴接纳的重要因素之一。从婴儿期开始，幼儿就显示出对身体外部特征的偏好。研究发现，幼儿不仅期望与外貌有吸引力的同伴成为好朋友，而且外貌有吸引力的幼儿更多被同伴提名为"好朋友"。由此看来，外貌有吸引力是被同伴接纳的有利因素。产生这种现象的原因：第一，幼儿对自己外貌的满意度会影响他们的社会行为。研究发现，随着年龄的增长，认为自己外貌无吸引力的幼儿会表现出不良的甚至带有破坏性的社会行为,而认为自己外貌有吸引力的幼儿其不良社会行为较少。第二,父母和教师也常常会根据幼儿相貌上的差异而表现出不同的态度和行为。这些都会影响到幼儿的社会化。幼儿同伴对不同相貌幼儿的评价也不尽相同,如同伴对外貌有吸引力的幼儿往往给予喜欢和肯定的评价;反之,对外貌无吸引力的幼儿往往给予厌恶和否定的评价。

（四）社会认知能力

幼儿的社会认知能力与社交地位有密切的关系。有研究者试图以幼儿社会认知能力的不同来解释社会地位的差异。我国学者周宗奎、林崇德等人研究发现,受欢迎幼儿比不受欢迎幼儿对社交问题提出了更好的解决方法。不同社会地位的幼儿,在人际问题解决策略上有一定的差异。被拒绝幼儿更多地借助第三方来发动交往,表现出较强的依赖性。被忽视幼儿发动交往的有效性最低。这与国外研究结果一致:不受欢迎幼儿在发动交往时比受欢迎幼儿有更多的困难,被拒绝幼儿解决冲突的策略最不恰当。高地位幼儿比低地位幼儿能更好地解决冲突。此外,被忽视和被拒斥幼儿更少选择言语沟通和言语解释策略。受欢迎幼儿比其他幼儿更多地考虑"逃避惩罚"。这在一定程度上反映了不同认知能力与幼儿不同社交地位之间的联系。社会认知能力还能够预测幼儿的同伴接纳性。有研究证实,那些与同伴建立了友好关系的幼儿比没有好朋友的幼儿在观点采择测试上的得分高。此外,受欢迎的、一般的和被忽视幼儿比被拒斥幼儿在学业成绩和智力测验上的得分要高。

另外,还有一些影响幼儿同伴交往的因素,诸如家庭教养方式、出生的顺序、性别、年龄和幼儿教师对幼儿在交往方面的培养和训练等,也都会对同伴交往产生影响。

第三节　3—6岁幼儿人际交往能力教育的活动设计与实施

学习目标

简单了解幼儿人际交往能力培养的策略以及方法。

幼儿园人际交往教育活动的类型多种多样,但由于拥有共同的特点,其设计和实施的基本结构如下。

一、创设人际交往情境

人际交往能力是指妥善处理组织内外关系的能力,包括与周围环境建立广泛联系和对外界信息的吸收、转化能力,以及正确处理上下左右关系的能力。交往能力是在不断交往的实践活动中发展与提高的。教师在指导幼儿日常活动、教育活动和游戏活动时，要多为其创设与同伴交往的条件，提供与同伴交往的机会，让幼儿在实践中得到锻炼。

兴趣是最好的老师。通过情境的创设，如朗诵诗歌、观看动画片、看图片、听故事、做游戏、猜谜语等，引发幼儿参与的兴趣。通过教师创设的人际交往环境，让幼儿在轻松、友好、快乐的交往氛围中，积极与人交往。例如大班社会活动"微笑"，就是通过观看小蜗牛微笑的卡片，以及欣赏微笑的故事，将幼儿引入到人际交往的活动中来。

大班活动：交往中的不可以

大班幼儿已经具备了辨别是非观念的能力，知道什么可以做、什么不可以做。同时，他们在人际交往中能力也在增强，语言表达更为丰富，也明白更多道理。该活动的导入环节：先说说日常生活中交往哪些可以、哪些不可以。中心环节则邀请幼儿说说图片的含义，结合打油诗的内容进行理解。将交往中的"可以"和"不可以"的图片进行分类，引导幼儿按颜色、数字、大小等进行分类。最后，在结束环节，幼儿按小组等形式朗读打油诗，进一步了解交往禁忌。教师从看图片讲述和迁移经验两部分进行推进，使整个活动不停留于死板的说教层面，能够有效地帮助幼儿设身处地地为他人着想。

二、学习和运用人际交往技巧

人际交往教育活动的主要目标就是帮助幼儿掌握一定的人际交往技能技巧。因此，教师向幼儿介绍人际交往技巧是非常重要的一个环节。介绍人际交往技巧可以采用两种方法：一是直接呈现法，就是让幼儿直接接触人际交往技巧，如面带微笑，使用礼貌用语，并让幼儿感受到这种交往技巧能够给人带来快乐，从而使他们愿意使用交往技能；二是间接呈现法，这是指教师通过呈现一些反面事例，让幼儿进行讨论，逐步引出人际交往技巧。

教师请幼儿观看一短片：幼儿A想参与其他几个幼儿的游戏，但是他们不同意。于是，A开始捣乱。结果A不但没能和大家一起玩，还引起了争执和冲突。

观片后，教师组织幼儿讨论：片中哪些孩子做得好？哪些孩子做得不好？最后，引出人际交往技巧——学会与人协商的方法。

幼儿接触人际交往技能后，教师要提供条件和机会，供幼儿学习使用。这是人际交往教育活动的核心环节，其主要目的在于帮助幼儿掌握所学的人际交往技巧在哪些场合可以使用、对什么人可以使用等。在这一环节中，教师可以采用角色扮演法，如设计一些需要运用技巧的交往情境，让幼儿分组或集体表演；也可以采用讨论法，例如学习交往技巧后，组织幼儿讨论怎么使用、在哪些场合使用等。

三、幼儿社会认知能力和社交技能的训练

社会认知能力和社交技能对幼儿的同伴交往具有重要的影响。要帮助幼儿熟练地掌握社交技能，包括加入某同伴群体的活动、对同伴表示赞扬和支持、恰当地解决冲突等等。应当通过幼儿园的游戏活动进行干预训练，提高幼儿的社会认知能力和社交技能。具体来说，可以采用以下一些方法。

（一）行为训练法

根据班杜拉的替代学习原理，行为训练法强调观察、模仿、强化。每次训练包括三个步骤：一是观察学习。带领被拒斥和被忽视幼儿观察受欢迎幼儿在游戏活动中的亲社会行为的表现，如助人、合作、友善、同情和领导等。二是模仿。让被拒斥和被忽视幼儿模仿他们曾观察过的受欢迎幼儿的行为，如向别人微笑、分享玩具和事物、发起积极的身体接触、主动交谈、给同伴支持与赞扬等。三是参与游戏。组织被拒斥和被忽视幼儿进行游戏活动，在游戏中安排他们完成一项任务或实现一个目标。如果没有同伴的共同合作，该项任务或目标就无法实现。这样促使他们尽可能表现出曾学习过的亲社会行为，教师及时给予鼓励、强化与纠正。

（二）认知训练法

针对幼儿几种主要的人际交往情境，对被拒斥和被忽视幼儿进行认知训练，包括如何加入一项游戏活动，如何与同伴轮流和分享，如何有效地与同伴交流，如何做出让步，如何给同伴以注意和帮助，等等。每次训练包括两个步骤：一是讲解，即结合幻灯片、录像、图片等讲述人际问题情境，如交朋友、参与、合作、竞争、解决冲突等，引导幼儿理解情境，自己想出各种解决问题的方法，教师给予肯定、补充和修正等；二是游戏，即组织幼儿进行合作、冲突、帮助等各种角色游戏，使他们对各种人际交往情境和技能有比较感性和具体的认识。

（三）情感训练法

良好的社会情感的建立，可以促进幼儿亲社会行为的产生和发展。情感训练法包括三个步骤：一是移情，利用幻灯片、录像和讲故事的方式引导幼儿体验故事中主人公的情感变化；二是情感体验，结合游戏活动，创设一定情境，逐步培养幼儿友好合作、热心助人的快乐感，破坏性行为的内疚感，参与活动的满足感，成功的自信感等；三是情感追忆，就是在游戏活动结束后，引导幼儿回忆自己在游戏活动中的各种情感体验，并进一步给予强化和训练。随着年龄的增长，情感训练法对于提高同伴接纳水平的效果会逐渐增强。

视频四：学习请求

说明： 视频主要表现了幼儿人际交往中的请求能力。视频中教师紧紧抓住幼儿的生活经验，从幼儿的一日生活中寻找素材，利用递进式的视频深化了活动的主题内容，启发幼儿加强同伴间的交往。如："请问我能和你一起玩吗？""等你玩好了，能借我玩一会儿吗？""我等你等了那么久，现在可以让我玩一会了吗？"让幼儿实实在在地感受到了加入同伴的游戏时的快乐，并学会友好提出请求，学习等待，学会争取。

扫一扫，看视频

 活动方案

我的新朋友

社会领域的目标重点是要培养幼儿乐意与人交往、学习互助、合作和分享，同时《纲要》也指出："幼儿与成人、同伴之间的共同生活、交往、探索、游戏等，是其社会学习的重要过程，应当为幼儿提供人际间相互交往和共同活动的机会和条件，并加以指导。"

活动目标

1. 激发幼儿交新朋友的愿望，感受交新朋友的快乐。

2. 进一步了解名片的作用。

3. 能大胆地介绍自己，与同伴分享、合作。

活动准备

1. 录音带：歌曲《友谊舞》《找朋友》。

2. 幼儿和家长一起制作一张名片，自带一件物品。

3. 请几位幼儿不认识的老师做客人。

活动流程

过生日——操作活动——观赏图片——活动讲评。

活动过程

活动前半部分在菠萝班、香橙班两个班上分别进行。

一、游戏"猜猜我是谁"引入活动

教师提问：

1. 刚才参加游戏的小朋友，蒙上了眼睛，为什么都能很快猜出后边的小朋友呢？（因为我们都是一个班的同学，天天都在一起，很熟悉了，我们都是老朋友了。）

2. 我们菠萝班的老朋友天天都在一起,你们快乐吗?

3. 为什么很快乐?

4. 那如果我们有了更多的朋友会怎么样呢?

5. 你们想认识新朋友吗?

二、两位邻班教师(本班幼儿不认识的老师)带着礼物出现

"当当当……"响起敲门声,老师打开门:"真巧,一说到新朋友,现在就有新朋友来了。请进!"

新老师与小朋友打招呼,并分别做自我介绍。

三、幼儿做自我介绍

1. 教师提问:刚才我们认识了新老师,现在怎样让新老师认识我们呢?

2. 请幼儿分别用名片、口头介绍。

3. 名片上面有些什么内容?(姓名、电话号码、住址……)

4. 教师小结名片的作用。(名片能让别人记得更清楚,更长久)

活动后半部分由两个班在音乐厅进行。

四、自主交往活动

师:老师听说香橙班的小朋友也在寻找新朋友,老师和他们约好了在音乐厅见面,现在,让我们带上名片和礼物,一起去认识新朋友吧。

1. 音乐开始,两个班的小朋友分别从两个门进入。

香橙班:你们好,我们是香橙班的小朋友,香橙香橙,快乐心情!

菠萝班:你们好,我们是菠萝班的小朋友,菠萝菠萝,健康快乐!

两个班老师分别做自我介绍。

2. 幼儿自主交往。

五、小结,请幼儿和自己新认识的朋友手拉手在一起

师:你认识了几个新朋友?你是怎么去认识的?你和新朋友一起做了什么?你感觉怎么样?

小结:和朋友在一起真快乐,朋友越多,我们的快乐也多。

六、播放音乐《找朋友》,结束

师:认识了新朋友真高兴,现在我们和新朋友一起唱歌、跳舞吧!

（资料来源：幼儿教师网）

活动方案

微笑（大班）

设计意图

　　微笑是我们每个人都会有的表情，孩子们在交往过程中需要学会微笑，因为微笑是人与人交往时相互尊重的一种表示，能营造一种温馨、快乐的交流气氛。通过此活动，让幼儿了解心情和人面部表情的关系，理解微笑的魅力，使他们在以后的生活中用微笑来对待每件事，学会关注他人的情绪，萌发关心他人、愿为好朋友带来快乐的美好情感，因而设计了本次活动。

活动目标

　　1. 理解故事内容，在听听、看看、想想、说说的基础上展开积极的想象。

　　2. 知道微笑是生活中不可缺少的一种表情，懂得用微笑积极与他人交往的重要性。

　　3. 学习制作微笑卡片，体验关心别人的同时自己也能得到快乐。

活动准备

　　1. 材料准备：PPT课件《蜗牛的微笑》，小蜗牛、小鸟、大象、小兔、小蚂蚁的头饰，表情图。

　　2. 经验准备：观察生活中哪些人是一直在微笑的。

活动过程

　　一、观察表情娃娃图片，体验微笑的魅力

　　1. 师：“小朋友，图上老师今天请了表情娃娃来做客，你喜欢哪一个娃娃呢？”

　　请幼儿站到自己喜欢的表情娃娃面前。

　　“看到笑脸娃娃心里感觉怎么样？”鼓励幼儿大胆表述自己的观点。

　　2. 师：“我们请哭脸娃娃也变成笑脸娃娃吧。”边说“变变变”边点击“哭脸娃娃”，让其变成“笑脸娃娃”。

　　“看到表情娃娃都变成了笑脸娃娃，你们现在的心情怎样呢？”（高兴、快乐、舒服、愉悦、开心）

　　“让我们一起来学学笑脸娃娃吧！”（师幼一起微笑）

　　3. 过渡语：原来微笑还能带给别人快乐，森林里的小动物们都想把快乐带给别人，你们想知道他们都是用什么办法给别人带来快乐的？我们一起来欣赏故事《蜗牛的微笑》。

　　二、幼儿欣赏故事《蜗牛的微笑》

　　1. 教师分段讲述故事，幼儿观看PPT。

　　2. 提问：森林里的小动物他们在做什么？小蜗牛的心里为什么着急？

重点提问：小蜗牛为朋友们做了一件什么样的事情？森林里的小动物收到小蜗牛的信,心里感觉怎样？

3. 鼓励幼儿互相交流自己的想法。

4. 小结：原来微笑能给人带去快乐,小蜗牛虽然能力不大,但它有一颗爱心,为了让自己的朋友快乐一点,它把微笑送给了大家,给大家带去了快乐,所以大家都觉得它很了不起。

三、讲述生活中看到过的微笑,理解微笑的重要意义

1. 师：你们觉得小蜗牛的微笑美吗？看来我们都喜欢微笑的表情,你们在什么地方见过谁的微笑呢?谁愿意说一说?

2. 幼儿自由表述生活中见过的微笑。(人们互相问好时的微笑、商店里营业员的微笑、医院里医生护士的微笑、饭店里服务员的微笑等)

3. 小结：生活中到处都可以看到人们在微笑地生活着,微笑是人与人之间的一种尊重,体现了人们相互友善的态度,它能在人们之间传递一种快乐的情绪。

活动延伸

请幼儿说一说除了微笑,还有什么办法也能给大家带来快乐。

附：故事《蜗牛的微笑》

小鸟说:"只要我醒着,愿意为朋友唱好听的歌。"

大象说:"只要我醒着,谁有干不动的活,我愿意帮忙。"

小兔说:"只要我醒着,愿意为朋友送信传消息。"

大家都忙着为朋友做点事,小蜗牛好着急,他也想为朋友们做点事,可他太小了,除了整天背着个沉重的壳,在地上慢慢地爬以外,别的什么也干不了。

一天,一群小蚂蚁正在搬东西,他们从小蜗牛身边走过时,小蜗牛友好地向他们微笑。一只小蚂蚁说:"小蜗牛你的微笑真甜呀!""对呀,我虽然没什么本领,但也可以对朋友们微笑呀!"可他一想又不对,"难道让朋友们放下手中的活,跑来看我微笑吗?"

突然,小蜗牛有了个新想法。第二天,小蜗牛把厚厚的一叠信交给小白兔,让它给森林里的每一位朋友送去。朋友们拆开信,里面是一张画,画的是一只正甜甜微笑的小蜗牛,画下面还有一行字:"当您觉得孤单或不高兴的时候,请记住你的朋友小蜗牛正对着你微笑。"

朋友们都说:"小蜗牛真了不起,他把微笑送给了整座森林。"

(资料来源：幼儿教师网)

思考与练习

1. 请简述影响幼儿同伴交往的因素有哪些。

2. 请简述幼儿同伴交往行为表现出的年龄特征。

3. 请结合实践举例说明儿童人际交往能力的培养方法。

第五章

幼儿亲社会行为的
发展与教育

花花活泼开朗，很愿意帮助小朋友。有一次，班上睿睿的衣服没有塞好，花花站在一边看看老师又看看睿睿，仿佛在问："我能帮他吗？"这时，老师走到花花身边轻轻地说："你看，睿睿皱着眉头那么着急，怎么了？是不是有困难呀？"花花说："我去问问他吧！""你怎么了？""我不会塞衣服。"花花便蹲下身帮睿睿塞好了裤子。睿睿高兴地说："谢谢花花。"花花不好意思地说："不用谢。"

案例中的花花表现出了助人的亲社会行为。《指南》的人际交往领域中明确指出儿童与他人分享时要给予肯定和鼓励，鼓励儿童与同伴交往，鼓励儿童良好行为表现等，以达到培养幼儿亲社会行为的目的。

第一节 幼儿亲社会行为的概述

学习目标

1. 了解幼儿亲社会行为的有关概念和类型。
2. 理解幼儿亲社会行为的意义。

一、亲社会行为的概念

亲社会行为是指合作、分享、谦让、同情、助人等有利于社会和他人的行为，是个体社会化发展的一个重要指标。

"亲社会行为"一词最早由美国社会心理学家威斯伯乐于1972年提出，用来指与侵犯等否定性行为相对立的行为。亲社会行为应该归属于社会性行为这个大范畴，又称积极的社会行为，是指人们在社会交往中对他人有益或对社会有积极影响的行为，比如帮助、分享、合作、安慰、捐赠、同情、关心、谦让、诚实、爱护环境和物品等；反之，则称为"反社会行为"。从某种意义上说，合理的竞争行为也属于亲社会行为，因为它有利于社会发展，能与合作行为互相转换，是一种积极的社会行为。反社会行为是指违法或为社会所不能接受的行为，是一种消极的社会行为。而在幼儿反社会行为中最具代表性、最突出的是攻击性行为。

二、幼儿亲社会行为的主要类型

亲社会行为按发生的情境可以分为两类：紧急情境下的亲社会行为和一般情境下的亲社会行为。人们常说的"见义勇为"，就是指紧急情境下的亲社会行为。它是指为了他人的人身、财产安全，不顾个人安危而采取的救助行动，蕴含着帮助弱者、惩恶扬善的意思。这种类型的亲社会行为在个体身上发生较晚，在幼儿阶段比较少见。这也许与紧急情况下需要个体有较高的亲社会行为技能，或者与个人的责任感、人格特点、情绪唤起水平、被救助者的特点以及助人代价等因素有关。相反，儿童很早表现出一般情境下的亲社会行为。这种行为一般发生在日常生活中，不需要救助者冒生命危险，他们付出的仅仅是较多的时间、物质和精力的代价，却可能使个体得到各种精神和社会的补偿。例如公共汽车上给有特殊需要的人让座，主动打扫公共卫生等。

从动机出发，亲社会行为还可以分为无私的、不求回报的亲社会行为和自私的、期望得到奖赏的亲社会行为，即利他动机和互惠动机。利他动机分别有安慰、同情、帮助等指标；互惠动机分别有分享、合作、关心等指标。

三、亲社会行为对儿童社会性发展的作用

亲社会行为是个体社会化的一个重要组成部分，是在社会化过程中形成的。作为一种普遍的社会现象，亲社会行为已引起发展心理学家和社会心理学家的重视，成为教育心理学家研究领域中的重要课题。促使儿童亲社会行为的发展，将有助于儿童更好地适应社会，为幼儿的终身发展奠定扎实的基础，也有利于学校素质教育实践的深入发展。

第一，具有亲社会行为的儿童可以从对他人的帮助中获得满足感和成就感。当儿童因帮助他人而得到别人的感谢时，这种亲社会行为的结果既可以使他们的能力感与价值感同时获得满足，又可以促进儿童形成健康的自我意识。人与人之间的团结友爱行为，既是友善和联盟的信号，又能引起接受帮助者的积极情感，从而可以促进儿童融入社会情境，促使交往过程中产生更为密切的人际关系。具有合作和助人品质的儿童，常常会使自己的社交活动获得最大限度的成功。

第二，亲社会行为可以成为儿童学习的范例，促进儿童对自我行为的调节。每一个亲社会行为都会成为儿童的榜样，儿童从中获取有用的信息以备自己日后所用。当儿童成为亲社会行为的受益者时，他们通常会更仔细地观察和考虑这种行为是如何实施的，以此作为自己身体力行的样板，以监督自我行为的利他性。

第三，亲社会行为可以帮助儿童形成积极的群体意识。一般来说，鼓励儿童采取合作与助人行为的群体比那些不注重这些价值观念的群体，其成员之间的互动更加友好，而且群体的效率更高。

第二节　幼儿亲社会行为发展的年龄特征

幼儿的亲社会行为由于年龄差异、个体差异、外界环境等多种因素产生不同的趋势,但是总体来看,幼儿的亲社会行为随着年龄的增长而增多,且不存在性别差异和文化背景差异;幼儿亲社会行为的指向对象在不断地变化,并且存在着年龄差异;幼儿各种亲社会行为分布不均。

一、幼儿合作行为发展的年龄特征

所谓合作,是指两个或两个以上的个体为达到目标而协调活动,以促进一种既有利于自己又有利于他人的结果出现的行为。与合作行为相对的是竞争行为,竞争则是指希望超过他人而获得承认。

儿童在出生后的第二年,交往的同伴开始能够围绕共同的主题进行角色转换和角色轮流。布朗奈尔(Brownell)发现,24个月的同龄伙伴间能够相互协调行动,以达到目标。18个月的儿童还比较困难,2岁以后的儿童往往能更有效地进行社会性交往,更经常地进行合作性游戏。布朗奈尔等研究了64名12—15个月、18—21个月、21—27个月、30—33个月的儿童的合作游戏,以及自我—他人区分的关系。其结果同样发现儿童合作性的年龄差异。12个月的儿童基本上不能解决合作性问题,50%左右的18个月儿童能偶然地解决问题,大多数24—30个月的儿童能重复地解决问题。在合作性行为上,24—30个月儿童更能相互协调,能围绕任

小案例

大班美术区域中,教师准备了一些画笔、2把剪刀和2个固体胶,小白、明明和小轩正一起完成一个海底世界的作品。在制作之前,他们是这样商量的:

小白:"我们的海底世界要画出蓝色的海洋,还要剪一些鱼和水草贴上去。"

小轩:"剪刀有两把,那你们来剪鱼和水草,我先来涂颜色吧!"

小白:"好呀,我来剪鱼,明明你来剪水草。"

……

务采取相应的相互配合的行为。多方研究表明3—4岁幼儿几乎没有真正意义上的合作，大多是平行或独自活动和游戏；4—5岁幼儿开始出现合作行为，合作的目的性和稳定性逐渐增强；5—6岁幼儿自发的合作行为较多，合作的内容和范围不断扩大。

随着年龄的增长，交往经验的增多，幼儿间合作的目的性、稳定性逐渐增强，他们能够为实现共同目标而努力。另外，他们的合作范围不断扩大，逐渐由两人间的合作发展到三四人之间的合作，合作行为随着儿童年龄的增长而增加。

二、幼儿分享行为发展的年龄特征

分享也是亲社会行为的一种表现，是指个人拿出自己拥有的物品让他人共享，从而使他人受益的行为。分享观念是指儿童与他人共同分享物品的公正看法，其对立面是"独占"、"多占"。

婴儿12个月时就已表现出指向动作的分享行为，例如他们会把物体放在人们的手上或大腿上，然后继续操纵这个物体，这是分享行为的萌芽。儿童通过分享真实物品来保持与他人的积极交往。当他们能够以其他方式与他人交往时，分享行为就不突出了。所以，12—24个月婴儿的分享行为随年龄增加加快，24—36个月婴儿的分享行为则随年龄增长而下降。

儿童分享行为的发生和发展，与其分享观念密切相关。我国学者周敏对3—6岁儿童做了分享观念发展的研究，她将儿童对物的分享反应定为四种类型："均分"、"慷慨"、"自我"和"不会"。研究结果显示，4—6岁儿童在分享反应中，做出"均分"的最高，"慷慨"的其次，"自我"的最少。随着年龄增长，"均分"和"慷慨"两种反应的比例有上升趋势，做出"自我"和"不会"的两种反应有下降趋势。其中，"均分"反应和"不会"反应在4—5岁间有显著的差异，"慷慨"反应和"自我"反应在5—6岁间有明显的差异。具体表现为3—4岁儿童的分享处于"自我"和"不会"的水平，随着年龄的增长而下降。4—6岁儿童的分享处于"均分"和"慷慨"的水平，随着年龄的增长而上升。大部分小班幼儿已经萌发了分享的意识，但其认知和行为严重脱节，所以小班幼儿在行为中还很难做到真正意义上的分享。

三、幼儿安慰行为发展的年龄特征

安慰行为是指个体觉察到他人的消极情绪状态，如烦恼、哭泣等，并试图通过语言或行动使他人消除消极情绪状态，变得高兴起来的亲社会行为。察觉到他人的消极情绪状态，通过一定的技巧使他人的消极情绪状态得到改善，是安慰行为的两个要素。

研究发现，在儿童出生的第二年初，当别人表现出明显的难过时，儿童不仅能够以相似的情绪做出哭泣的反应，而且还会为对方提供如拥抱或轻轻拍打的行为。在儿童出生第二年的中期，他们的这种行为不仅在频率上增加了，而且表达方式更加丰富，如给哭闹的婴儿一个奶瓶或寻找看护人等。随着年龄的增长，安慰行为变得越来越复杂。如果他人的痛苦和悲伤是个体自己造成的，那么安慰行为就较少；反之，安慰行为就多。随着儿童年龄的增长，安慰行为的质量和数量都有增加的趋势，而且女孩比男孩的安慰行为更明显，这也许与个体所认同的性别角色期望有关。分析上述研究，我们不难看出，儿童的安慰行为之所以随年龄的增长而增多，主要与他们对他人情绪状态的感知理解力有关。因此，一般情况下，个体的安慰行为是随着个体理解力的发展而发展的。

图5-1　幼儿之间的安慰

四、幼儿助人行为发展的年龄特征

助人行为是幼儿期望参加社会互动的结果。儿童在0—3岁阶段就开始出现了帮助行为，并随年龄增长而增加，但帮助的相关技能还较缺乏，幼儿帮助行为往往受到情境和成人的暗示。助人行为随着儿童年龄的变化，表现出特别的发展趋势。研究者曾观察三组婴幼儿（年龄为18、24和30个月）在家里帮助父母做家务（如整理杂乱的杂志、叠衣服、扫地和整理床铺）的情况，发现65%的18个月的儿童和所有的30个月的儿童能够也愿意帮助成人做这些家务。

除此之外，儿童诚实和爱惜物品与保护环境等方面的亲社会行为对社会有积极影响，换言之就是对社会有帮助。诚实是儿童从小就应该养成的良好道德品质，但是由于儿童的年龄特征和身心发展水平受到限制。3—4岁幼儿由于常常把想象与现实混淆，有时会说一些与事实不符的话。4—6岁幼儿由于怕被周围人责备、批评或惩罚，有时会出现不敢承认错误或为了得到奖励而"说谎"的行为。总之，孩子的"谎言"有很多内涵：可能是夸大了的事实，也可能是暗藏着对美好事物的向往，还有可能仅仅是保护自己的一种手段。

小案例

圆圆和小绿在玩猜谜的游戏，从几张卡片中抽一张卡片出来，放在桌子中间，谁先猜中谁就赢了。玩了好几轮，小绿都输了，于是他趁着圆圆看着旁边的时候偷偷地看了卡片背后的答案，没想到还是被圆圆发现了。圆圆把小绿"作弊"的事情告诉了老师。老师来询问状况了，小绿先是极力否认自己有偷看，后来又说是因为卡片自己不知道怎么地就翻过来了，他是不小心看到的。老师告诉小绿，游戏有输有赢，赢了很开心，不过输了也不要难过，下次继续加油就好了，但是如果作弊了，这样子的赢不是自己动脑筋想出来的，赢了也没用……

在爱惜物品和爱护环境方面,3—4岁幼儿爱护玩具和其他物品的自觉性较差;4—5岁幼儿对节约粮食和水电具有一定的认知,但认知和行为相脱节;5—6岁幼儿对爱护环境和节约资源具有一定的认知,并有相应的行为。

五、幼儿同情心发展的年龄特征

同情心是一种对他人的处境、遭遇在感情上能共鸣,能分担他人的苦难忧愁,并发自内心地在行动上给予应有的慰藉、关心和帮助的道德情感。这是一个适应社会和群体合作的道德基础。这种态度的基础是承认他人的需要和利益的合法性,表现为对他人的思想感情能够理解,对他人的愿望能给予支持。这种社会感情可限制利己动机,使人将自己摆到他人的位置上去思考与行动。幼儿的同情主要产生于对老弱病残的关心和爱护,对象可以是人,也可以是物;可以是现实社会中的人和物,也可以是文学作品中的人和物。

赞·瓦克斯勒（Zahn Waxler）的观察研究表明,在12—18个月之间,儿童开始逐渐地对别人的痛苦很关注,所以儿童同情心大致产生在这段时间内。幼儿普遍具有同情心,同情的对象包括父母、老师、同伴以及周围的人和动物。由同情引发关心和安慰的行为随着年龄的增长而增加。

我国学者李江雪等人对幼儿园3—6岁儿童的同情心发展状况进行研究,发现3—6岁幼儿普遍具有同情心,同情的对象包括父母、教师和同伴,甚至陌生的他人和动物等。再者,不同年龄阶段儿童的同情观念的发展水平有显著差异。大班明显好于小班,但两者仅在同情父母和同伴上有显著差异。

 活动方案

我会爱护你（小班）

惜物一直以来都是中华名族的传统美德,小班年龄段的幼儿更是亲社会行为发展的重要时期,亲社会行为的发展更是对幼儿的社会性发展有着重要的影响。我们选取了贴近幼儿日常生活的物品,在幼儿熟悉的情境中展现出来,进而使幼儿感受到在幼儿园里是怎么爱惜物品的。小班幼儿时常出现这样那样不爱惜物品的行为,比如用完彩笔不及时盖盖子、喝完水不送杯子回家、把小椅子当做小木马来骑等。希望通过这个活动的开展,幼儿能体验和感受物品宝宝被爱惜的快乐情感,从而养成惜物的良好习惯。

活动目标

1. 体验玩具、物品匹配摆放后的快乐情感。

2. 知道物品要哪里拿哪里放。

3. 爱惜幼儿园的物品,能轻拿轻放。

活动准备

物质准备:

1. 自己拍摄或者下载图片:没有帽子的小红笔哭泣,没有帽子的小红笔和红、黄、蓝、绿四色帽子、图书室照片、茶杯箱照片;幼儿拿茶杯、幼儿喝水、幼儿放回茶杯、幼儿倒坐椅子、幼儿拖着椅子走、幼儿翘椅子、幼儿摸椅子、幼儿扶椅子、幼儿抱椅子等照片。

2. 美工材料架:里面放置了胶棒、彩泥、彩色笔、蜡笔、剪刀等各种美工用具和材料,且每一格都有相应的物品照片作为标签。

3. 没有盖盖子的彩泥若干,戴错笔帽的彩笔若干,没有盖盖子的胶棒若干。

4. 课程配套绘本《爱护小椅子》。

经验准备:有整理物品的经验,能根据标识物归原处。

活动过程

一、说说我的物品宝宝

提问:

你们喜欢幼儿园吗?喜欢幼儿园里的什么?

看,这里面有什么?(出示美工材料架)

里面的东西小朋友们用过吗?可以用来做什么呢?

小结:原来,幼儿园里还有很多有用的物品,这些物品宝宝也是我们的好朋友。

二、物品宝宝送回家

(一)出示图片:小红笔哭了

提问:小红笔怎么了?

(二)观察小红笔的图片,听哭泣音效

提问:

小红笔怎么了?

小红笔为什么不开心?

帽子有什么用?

小结:小红笔不戴帽子就会干掉,画不出好看的颜色,小朋友就不选它了。

(三)与图片互动,帮助小红笔戴帽子(红、黄、蓝、绿四色笔帽)

提问:这支笔要戴什么颜色的帽子?

为什么红笔要戴红帽子?蓝帽子又是给谁戴的?

小结:帽子的颜色就是笔宝宝的颜色,戴上了和它一样的颜色的帽子,小朋友们就会知道这是什么颜色的笔,以后再也不会选错了。

（四）幼儿现场操作，为物品宝宝戴帽子、盖盖子并验证

提问：我们猜猜，罐子里的橡皮泥是什么颜色的？你是怎么猜出来的？

已经戴上帽子了，胶棒宝宝为什么还在哭？怎样把帽子戴戴好？

小结：给全部有帽子的朋友都戴上帽子，而且戴得紧、戴得牢、戴对颜色，它们就会开心了。

（五）幼儿现场操作，为戴好帽子的物品宝宝找家

小结：幼儿园里就是这样，每个物品宝宝都有自己的家，哪里拿哪里放。

三、物品宝宝轻拿轻放

（一）茶杯宝宝轻拿轻放

观察图书角、建构室、茶杯箱照片。

提问：这是谁的家？

观察幼儿喝水三张图片：小朋友从茶杯箱里轻轻拿出茶杯，喝好水，轻轻地将茶杯送回拿杯子的地方。

提问：你们看，小朋友是怎么拿杯子的？

小结：原来，茶杯宝宝除了要送回家，还要轻轻地拿、轻轻地放。

（二）椅子宝宝轻轻拿

观察图片：小朋友拖拉椅子、翘椅子、骑椅子、抱椅子、扶椅子、摸椅子照片，放大抱、扶、摸的照片。

提问：现在椅子宝宝怎么会笑了呀？

小结：椅子宝宝说："爱我你就抱抱我，千万不要拖着我；爱我你就坐坐我，千万不要乱摇我；爱我你就扶起我，千万不要推到我。"

活动延伸

读一读绘本《爱护小椅子》。

将课程配套绘本《爱护小椅子》投放于图书角，供幼儿自行阅读或师幼共同阅读。

 活动方案

我是这样爱你的（大班）

在班级自然角的动物养护和动物园春游的过程中，教师经常会发现大班幼儿对动物表现出积极的兴趣和照顾养护的热情，但幼儿对于动物的特点和生活习性不了解，往往会出现好心办坏事的情况。例如，不停地给金鱼喂食，导致小金鱼吃得太饱而死亡。而"我是这样爱你的"这一活动，试图通过对图片的讨论与真实生活经验的再现和移情的方式，激发幼儿对动物的同情心,使之理解动物的感受,知道正确爱护动物的做法,并养成在动物园里做一个文明游客的意识。

活动目标

1. 知道在动物园里不随便喂食动物。

2. 激发爱护动物、文明游园的情感。

3. 学习不惊吓、不拍照、不投食等爱护动物的方法。

活动准备

物质准备:长颈鹿海滨的图片、禁止闪光灯的标志、禁止拍打玻璃的标志。

经验准备:逛动物园的经历。

活动过程

一、经验导入

提问:去过动物园吗? 在动物园里都做些什么? 给什么动物喂食了? 喂了什么?

小结:动物真可爱,小朋友去动物园不仅能看到各种动物,还能与小动物亲近,看表演、喂食等。

二、"爱"动物的方法

(一)爱我,就不要喂我

教师讲述长颈鹿海滨的故事。

提问:听了这个故事,你是什么感觉? 为什么?

出示图片,讨论:为什么"爱我,就不要喂我"?

提问:这些食物是小动物爱吃的吗? 如果你吃了这些,你会怎么样? 吃得太多好吗? 如果吃得太多是怎样的感觉? 你喜欢这种感觉吗?

小结:爱小动物,给小动物喂吃的,就要了解小动物喜欢吃什么、什么时候吃、吃多少。有的时候,如果有指示牌提醒大家不要喂食,大家就要遵守;否则小动物们会生病,不舒服,甚至失去生命。我们也会跟着难过伤心的。

(二)我怕闪光灯

提问:这个标志是什么意思? 对动物有什么影响?

提问:你们有被闪光灯照得眼睛睁不开的经历吗? 感觉怎么样? 喜欢这种感觉吗?

小结:当闪光灯照到我们眼睛的时候,我们的眼睛会不舒服甚至睁不开眼睛。闪光灯同样对动物的眼睛会有很大的刺激,影响动物的身体健康和良好的心情。所以,如果我们爱动物,就不要用闪光灯对着动物拍照。

(三)我不喜欢你拍打玻璃

提问:这些人在干什么? 动物们喜欢这样吗?

提问：动物们是怎么表现的？为什么？

提问：如果是你被别人打扰，你愿意吗？

小结：每一种动物都有自己的特点，有的胆小，有的凶猛，有的爱白天睡觉，有的喜欢安静。当我们去看望它们的时候，要了解动物的习惯和特点，如果我们为了自己开心去打扰它们、伤害它们，它们就会生气、发怒，严重的还会生病呢！所以，大家不要随意逗弄动物，让它们安静快乐地生活吧！

三、愿景——人与动物和谐共处

观看爱护动物的公益广告。

小结：动物是我们的朋友，我们都爱动物。爱动物，我们就要了解动物。爱动物，我们就要关心动物。爱动物，希望它们永远快乐和幸福！

第三节　幼儿亲社会行为教育活动的设计与实施

学习目标

简单了解幼儿亲社会行为培养的策略与方法。

　　幼儿亲社会行为的培养需要家长和学校通力合作。首先教师和家长要在日常生活中及时暗示与提醒幼儿的亲社会行为。对幼儿表现出的亲社会行为要及时给予正强化，对违规行为及时给予纠正，并提供正确的榜样。教师的暗示与提醒对儿童亲社会行为的发生具有明显的效果。其次为儿童创设共同活动的机会，引发儿童的亲社会行为。再次利用实际生活情境和故事、图画书等，向幼儿介绍一些亲社会行为，并教给幼儿正确的方法。最后组织专门性的教育活动，对幼儿进行亲社会行为认知和行为训练。

　　针对不同的亲社会行为，有不同的教育策略。

一、幼儿合作行为的教育

　　在未来社会中，只有与人合作，才能获得生存空间；只有善于合作，才能赢得发展。人的合作性必须从小开始培养。

（一）为儿童创设同伴交往与合作的机会

　　在幼儿园的日常生活中，教师要想方设法为儿童创设与同伴合作学习、游戏、运动和共同生活的机会,比如让儿童一起搭积木、玩娃娃家、看图书、绘画、唱歌、跳舞等,通过交往活动学会合作。合作是一种同伴互动。在互动的过程中,儿童直接学习有关态度、价值观、技巧、信息等,而这些都无法从成人那里获得。同伴还可为亲社会行为提供支持与示范。通过同伴互动,儿童学会了从他人的角度看待问题;在教育与各种环境中,同伴互动对于提高合作效率有极大影响。

（二）教给儿童合作的方法

由于幼儿年龄较小,他们在需要合作的情景中不会自发地表现出合作的行为,有时甚至不知如何去合作。因此,教师要教给儿童正确的合作方法,指导儿童怎样进行合作。具体说来,可用榜样、强化、表扬等方法来指导儿童共同合作。在活动中,教师要注意观察儿童的行为表现,有点滴进步便及时鼓励,使儿童心理上产生愉快体验,为培养幼儿的合作性、矫治其不良行为提供动力。

小案例

大班集体活动"小熊皮衣店"中,在幼儿了解皮贴画的基本制作方法及步骤的基础上,要求幼儿做一回皮衣设计师,3—4人自由组合为一组,每组合作为小熊做一件皮衣。在开始之前,教师说:"小设计师们,做衣服可不是那么简单的。你们要一起想一想,决定好做什么衣服再开始做!"开始后,小朋友们就分组开始讨论了起来,有的组要做皮风衣,有的组要做皮短裤,还有的要做皮裙等。只有一组幼儿好像有一些分歧,一名幼儿想做半身的短裙,而其他三个孩子想做皮背心。教师在旁边看了他们一会儿,就说了一句话:"哇!皮背心配皮短裙一定很漂亮!"几位小朋友一听:"对呀!我们可以做套装!""那我们要快点了,不然就来不及了。""你们两个做皮裙,我们两个做皮背心吧!""好的!"就这样,他们开始动手在白纸上"打样"了……

从上面的小案例中我们可以看到,教师在开展游戏或其他活动前,指导了儿童应该要与大家一起商量、分工合作,才能做出一件好衣服来。在儿童遇到矛盾冲突时,教师也指导他们要相互协商解决问题。此外,教师也应该告诉儿童,当玩具或游戏材料不足时,可相互谦让、轮流或共同使用;当同伴遇到困难时,要主动用动作、语言去帮助他;当自己遇到困难、无法独自解决时,可以主动寻求同伴或成人的帮助,等等。通过这些具体的合作情景,帮助儿童逐渐掌握合作的方法与策略,在共同生活与活动中学会合作。

二、幼儿分享行为的教育

分享行为是把自己的快乐和需要与他人联系在一起,克服以自我为中心的心理,学会把自己的快乐分给他人,与他人共同享用属于自己的东西。当前幼儿大多是独生子女,由于缺

图5-2 争抢玩具等行为时常出现

少能够与之分享物质和情感的兄弟姐妹，他们在家中扮演着"小皇帝"的角色，好吃的、好玩的、好用的几乎由他一个人独自享受，严重地滋长了他们的自私心理和行为。进入幼儿园后，幼儿一下子要由独享转为分享或共享，必然导致短期内产生难以适应的情况。因此，争抢物品、玩具、图书、场地等行为时常出现。教师要及时地对儿童进行分享教育，使儿童在集体生活与活动中逐步了解和理解他人的情感和需要，学会关心他人，明白分享不是失去而是互利。当儿童具有分享行为表现时，教师要给予及时的表扬、赞赏和强化。例如组织儿童开展"大家一起玩"的活动，请儿童把自己心爱的玩具和图书从家中带来，在同伴中介绍和操作，邀请同伴一起玩耍和轮流观看，体验分享的乐趣。

三、幼儿安慰行为的教育

安慰是人类的一种经常发生的行为，也是人类社会生活所必需的。安慰行为的出现首先是觉察到了别人的消极情绪状态，像烦恼、忧伤、痛苦等；其次，要使他人摆脱消极情绪状态需要一定的安慰技能。安慰行为与普通的具体行为不同，它的行为意义是抽象的，是一系列复杂的心理活动及其外化的过程，因而它需要通过某种媒介来实现。当一个人遭遇挫折痛苦时，特别需要来自身边亲人、朋友、同学或同事的安慰。虽然是只言片语，或者是一个温暖的拥抱，或者是礼轻情意重的小物品等，都能使之重振生活的信心。因此，对于幼儿来说，培养安慰行为是非常必要的。

首先，要为儿童设计一系列的活动，引导儿童充分考虑他人的想法和情感，并想象自己在类似情境中的感受。教师和家长可以主动与儿童交流自己的感受、情绪体验，以

小案例

听完故事《没耳朵的兔子》后，

老师问："没耳朵的兔子有朋友吗？为什么呢？"

幼儿："没有。因为他没有耳朵，长得很奇怪。"

老师："那你觉得，现在没耳朵的兔子心情怎么样呢？"

幼儿："一定很难过。"

老师："那我们一起来安慰安慰他，好不好？我们一起说'没耳朵的兔子，你别难过，我们来当你的朋友吧'。"

幼儿："没耳朵的兔子，你别难过，我们来当你的朋友吧。"

……

及对他人困境的认识。安慰行为训练可以提高儿童体察他人情感的能力，使他们学会从他人的角度、立场考虑问题，实施合适而又恰当的安慰行为，从而促进儿童亲社会行为的发展。

其次，让儿童学会安慰他人的方法。在活动中，要帮助儿童提高安慰他人的语言表达能力，就像前面的案例中那位教师的做法一样，因为在儿童安慰他人的过程中，语言表达能力影响着交往双方情感传递的质量和言语安慰的效果。如果儿童能够清晰、完整地向对方表明自己的想法和感受，就能使对方了解自己的善意意图，增加安慰行为的积极结果；如果因为语言表达能力较差，在安慰他人时因词不达意而引起他人的误解，就会产生消极效果，也可能因此而减少或停止个体的安慰行为。

视频五：关心他人

说明： 视频中三个不同的场景分别对应了幼儿在亲社会行为中的关心他人、同情心和安慰等情感。活动让幼儿身临其境地去感受游戏中的矛盾、冲突和问题，通过实际的体验让幼儿迅速地进入角色，在不同的情境中产生同样的愉悦情感体验，有效激发幼儿的亲社会行为的问题解决能力。同时，同伴之间的借鉴和模仿也提升了幼儿的行为经验。

扫一扫，看视频

四、幼儿助人行为的教育

所谓助人为乐，就是指个体以帮助别人为快乐的行为。应当从小培养幼儿助人为乐的良好行为。

（一）增强幼儿互相帮助的意识

独生子女在家中大多事事依赖父母，与父母形成了一种有求必应的关系，这使得儿童大多缺乏帮助他人的意识。在幼儿园集体生活中，幼儿与同伴之间有着频繁的接触，需要他们建立互爱互助的同伴关系。为此，要通过文学作品学习、情景表演、角色游戏等活动，不断增强儿童团结友爱、互相关心、互相帮助的意识和情感。教师要及时表扬和鼓励儿童的助人为乐行为。

（二）教会幼儿助人的行为方式

教会幼儿互相帮助的行为方式，就是要教育儿童怎样去帮助别人，否则即使儿童有助人的良好动机，也难以收到理想的效果。教师要有目的、有计划、有组织地开展助人行为的讲解和练习活动，向儿童传授互相帮助的行为方式和注意事项。

（三）为幼儿提供助人为乐的好榜样

幼儿互相帮助行为的形成离不开家庭、幼儿园和社会的协同教育。如当别人遇到困难或需要帮助的时候，家长和老师是袖手旁观、无动于衷还是热情相助、雪中送炭，儿童会看在眼里，铭记在心，并以此为榜样。家长和教师既是儿童直接模仿的榜样，又是选择模仿榜样的控制者。因此，成人一定要以身作则，以自己助人为乐的道德行为潜移默化地影响儿童，逐渐形成儿童的助人行为。

视频六：他们的职业

说明：视频主要表现了小班幼儿对父母职业的社会认知。小班幼儿处于从家庭到社会过渡的阶段，基于小班孩子的年龄特点和小班孩子缺乏对其父母职业的了解这一情况，教师设计了认识职业这一活动。对于职业，幼儿不仅要认识，还要有体验，在体验当中使幼儿自身与这些职业产生联系，并进一步加深其对职业的认识，使幼儿不仅知道职业的名字，还了解职业的性质和范围。

扫一扫，看视频

五、幼儿同情心的教育

一个情绪稳定、情感丰富的人，自然能够深深感受到他人的喜悦和痛苦。要培养儿童的同情心，必须培养儿童具有丰富的情感。同情心的产生基于两个条件：一是对各种事物的经验；二是丰富的想象。成人看见一个身体残疾的人，常常不由自主地怜从心来，这完全是从自己设身处地的想象中产生出来的。儿童则可以在接触各种环境事物的过程中丰富其经验和想象力。例如，让儿童参加饲养小动物、栽培花草树木等活动，使儿童对具有生命的动物和植物产生同情心。又如，鼓励儿童积极捐助钱财和物品，引导儿童尽自己所能帮助社会弱势群体。这样，通过父母和教师不断地教育和引导，儿童逐渐形成同情他人、关心他人和帮助他人的积极情感和亲社会行为。

 活动方案

大家一起玩真开心（小班）

设计意图

在带班过程中，我发现即使玩具准备充分且对参与人数有固定限制，还是会有由玩具引起的冲突。希望这一节课能起到初步改观的作用。

　　小班的孩子中，有一部分孩子是没有离开父母、也没有在类似早教中心里学习生活过的，在幼儿园的环境适应中容易紧张不安。从自己家里带着喜欢的玩具来教室，使幼儿感受到一种家庭的延续，在教室能产生初步归属感。

　　对于适应幼儿园的幼儿，在活动中希望尝试展示和分享玩具给别的小伙伴，体会到有好朋友一起喜欢的乐趣；并愿意与小伙伴一起玩耍，初步尝试发生矛盾时的解决方法。

　　针对还不能适应幼儿生活的孩子，能让他们体会和同伴玩耍的乐趣。

活动目标

1. 愿意带来自己的玩具，在幼儿园自主游戏。
2. 尝试用语言和动作介绍玩具的名称和玩法。

活动准备

幼儿自带玩具。

活动过程

一、导入引趣

师：嘘！小朋友们闭上眼睛，老师来请你们听一听这是什么声音？

老师依次敲敲门（咚咚咚），拍拍手（啪啪啪），老师走路（嗒嗒嗒）。

幼儿讨论：这些是什么声音？哪里来的？

讨论后请小朋友们陪同老师一起试试看发出这些声音。

小结：一开始是门伯伯发的声音，下面是小手在说话，最后是小鞋子在说话。

这些都是老师的好朋友。你们今天也带来了自己的好朋友，介绍你的好朋友吧。

二、自己玩

1. 幼儿自主玩自己带来的玩具，教师走动观察。
2. 围坐在一起，请幼儿介绍自己带来的玩具。大胆说说"我玩……（名称）"、"我这样玩……（玩法）"、"我最喜欢的玩具……（情感）"。

三、大家玩

1. 提问：如果还想玩别的玩具怎么办？

小结：大家交换玩，和别人分享你的玩具，就可以玩到许多的玩具。

2. 教儿歌："你来玩，我来玩，换一换，真开心，玩好了，还给你。"
3. 幼儿抱着自己的玩具边找朋友边念儿歌。

活动指导

对于害羞、腼腆及有个性的幼儿，引导其尝试但不勉强。

活动延伸

增添玩具商店区角，幼儿在玩具商店内自主游戏。

活动方案

我喜欢抱抱（小班）

小班开学初，有些孩子因为不适应新的环境常常会哭。这时，老师通常会把他们揽在怀里。但我们发现，有的孩子会乐意让老师抱抱，有的孩子则会拒绝。为了拉近老师与孩子之间、孩子与孩子之间的距离，帮助孩子尽快融入集体，结合小班幼儿的年龄和兴趣特点，我将他们熟悉的"花园宝宝"形象贯穿于整个活动过程，并对其中一段花园宝宝的故事进行了改编，旨在引导幼儿了解人们在伤心、喜悦时通常需要抱抱。考虑到小班幼儿无意注意为主的特点，我在设计活动时注意了以下几个方面：

1. 激发兴趣，调动幼儿参与活动的积极性。本活动以动画短片导入，再配以教师的讲解，以期从视觉和听觉两方面调动幼儿参与活动的积极性，帮助幼儿更准确细致地理解故事。

2. 动静结合，让幼儿在游戏中体验抱抱和被抱抱的感觉。小班幼儿语言表达能力较弱，难以准确表达自己内心的感受。为此，本活动有意识地运用行为表达方式加以弥补，以促使幼儿在轻松愉快的游戏氛围中表达情感、体验感受。

3. 丰富情感，帮助幼儿了解人们对抱抱的需要。从小班幼儿的实际生活经验来看，他们通常能理解人们在高兴和伤心时需要抱抱，而对在分别、分享喜悦时也需要抱抱的感受极少，此环节旨在丰富幼儿这方面的情感体验。

4. 大胆表达，让幼儿体验到在生活中多抱抱可以交到更多的朋友。每个幼儿都是不同的个体，对于那些内向、腼腆、不善表达的幼儿来说，从情感到行为的转化需要一个过程，通常不是一次活动就能达成的。因此我们鼓励幼儿在日常生活中学习表达情感，逐渐使情感表达成为一种自然、自发的行为。

活动目标

1. 初步懂得抱一抱是情感表达的一种方式。

2. 乐意与认识的人抱一抱，体验抱一抱带来的愉悦感受。

3. 能用简短而完整的语言进行表述，并在集体中学会倾听。

活动准备

1. 幼儿熟悉动画片《梦的花园》及其中的动画形象。

2. 改编故事《我喜欢抱抱》并自制动画短片。

3. 音乐《抱一抱》，"爱心"贴纸若干。

活动过程

一、进入故事情境

师：孩子们，我们一起去"梦的花园"，看看那儿发生了什么事。

二、欣赏动画短片《梦的花园》

1. 边播放动画短片边讲述故事前半部分：从前，在"梦的花园"里住着可爱的玛卡巴卡。玛卡巴卡特别喜欢和别人抱抱，他和小树抱抱，和小花抱抱，又跟蘑菇抱抱……他发现要抱的实在是太多了，于是就坐着叮叮车去跟别人拥抱。可是叮叮车却不高兴了。

2. 借助提问帮助幼儿感受和理解故事前半部分。

师：玛卡巴卡和谁抱抱了？他为什么要抱它们？

师：叮叮车为什么不高兴？

3. 小结。

师：原来叮叮车也希望能得到别人的拥抱，可是玛卡巴卡开始却没有想到抱抱叮叮车。

三、游戏——抱一抱

1. 教师和小朋友抱抱。

师：老师也喜欢抱抱别人，特别喜欢抱抱你们这些可爱的小朋友。老师来抱抱你们好吗？

2. 带领幼儿听音乐《抱一抱》，找个喜欢的朋友抱抱。

师：你想和哪个小朋友抱抱呢？让我们听着音乐找个朋友抱抱吧。

3. 引导幼儿讨论。

师：你喜欢老师抱你吗？为什么？

师：你喜欢小朋友抱你吗？为什么？

师：你抱过谁吗？为什么要抱他？

4. 小结。

师：我们开心的时候都喜欢与人抱抱，抱抱的感觉真好。

四、继续欣赏动画片，感受什么时候需要抱抱

师：抱抱是这么开心的事情，那么玛卡巴卡后来有没有抱抱叮叮车？叮叮车有没有开心起来呢？我们继续来听故事。

1. 结合动画短片讲故事后半部分：玛卡巴卡又抱了抱叮叮车，叮叮车高兴地笑了。"呜呜"，是谁在哭？原来小点点不小心摔了一跤，玛卡巴卡连忙把它扶起来，抱了抱它。小点点很快就不哭了，露出了甜甜的微笑。"再见！再见！"飞飞鱼要离开他的好朋友哈呼呼到很远的地方去，可他们怎么也舍不得分开，紧紧地抱在一起。玛卡巴卡看到了说："哦，原来不光我喜欢抱抱，大家都喜欢抱抱呀！"

2. 借助提问帮助幼儿感受和理解故事后半部分。

师：玛卡巴卡抱了叮叮车没有？叮叮车怎么样了？

师：玛卡巴卡为什么要抱小点点？

师：你哭的时候谁抱过你？心里觉得怎样？

师：飞飞鱼和哈呼呼为什么要抱抱？

3. 小结。

师：原来，我们在开心、高兴的时候需要抱一抱，在伤心、难过的时候也需要抱一抱。抱一抱可以让自己快乐，也能给别人快乐。喜欢抱抱的孩子都是爱心小天使！

4. 在《抱一抱》儿歌表演中，教师给幼儿贴"爱心"贴纸。

活动延伸

带领幼儿走出活动室，鼓励他们主动与别班的伙伴抱抱，以认识更多的朋友。

（资料来源：幼儿老师网）

思考与练习

1. 请简述儿童不同的亲社会行为会表现出怎样的年龄特征。

2. 请结合实践阐述儿童亲社会行为的主要类型。

3. 案例分析。

音乐活动时，敏敏接连打了好几个喷嚏，鼻涕都流到了桌子上，以至于我的钢琴声总要暂停下来，小朋友都在埋怨了："谁呀？怎么老打喷嚏呀？"原来是敏敏感冒了，所以鼻涕总是挂在嘴上。平时我总拿餐巾纸给她擦鼻涕，现在敏敏的两条鼻涕又懒洋洋地挂在鼻子下。玲玲看见了，从口袋里拿出一张纸巾，像个大人似的帮敏敏擦鼻涕。敏敏呢，则一动不动地让她擦着。这时候，玲玲看见我在看她们，连忙缩回了手，很不好意思地笑了笑，然后轻轻地说："李老师以前也是这样帮小朋友擦鼻涕，呵呵，我也会帮她擦鼻涕的。"我马上当着全班小朋友的面表扬了玲玲："玲玲，你帮她擦得很干净，真是个好孩子！"班上的其他小朋友听了，哈哈哈地笑了起来，并纷纷转过头跟旁边、后面的小朋友说："我也来帮你擦鼻涕吧！"反倒是玲玲听了老师的表扬，难为情地转过身去。虽然这个音乐活动被这样不小心"搞砸"了，但我一点也不觉得可惜，而且感到欣慰。因为我们的小朋友们又上了一次生动的"乐于助人"活动。毕竟是大班的孩子，比小中班的孩子"老练"了许多，却又比小学生要"幼稚"。平时老师苦口婆心地告诉小朋友："我们要从小养成乐于助人的好习惯，要有同情心，要经常帮助别人……"他们总会笑一笑，点点头，然后置之不理。现在好了，一件小小的"擦鼻涕"事件，却让这么多小朋友相互模仿着去帮助伙伴。如果当时老师一味地追求活动纪律，而忽视了这种随机教育，那我想幼儿对同情心的理解肯定也不会那么透彻。由此也可见，幼儿同情心的培养应把认识与行为结合起来，并能在教学过程中进行随机教育，这样效果才是最为显著的。

参考分析：

《纲要》的社会领域中明确提出要培养幼儿乐意与人交往，培养其有同情心。在上述案例中，玲玲能主动地去帮助另外的小朋友，主要是因为看到老师平时也是这样对待小朋友，她的心理包含一种同情与模仿成分。而其他小朋友看到这一幕，听到这些话，也都会纷纷效仿。

幼儿心中爱的种子需要从小播种，爱的获得是幼儿健康发展的要素，是幼儿精神需要中最珍贵的部分。在幼儿的成长过程中，如果没有食物、阳光、空气等物质，他们就无法生存；而爱则是给予他们精神上的食物、阳光、空气。假若没有爱的满足，幼儿就难以健康地成长。那么，怎样使幼儿学会同情、关心他人，从小形成良好的健全人格呢？幼儿期是人格形成的关键时期，尽管社会环境、家庭等因素对幼儿的人格形成具有一定的影响，但许多研究表明，教师的影响最大。在上述案例中，虽然一个音乐活动被小朋友们"搞砸"了，但老师能进行随机教育，加之平时也非常注重培养幼儿的同情心教育，这对幼儿同情心的提升是极为有效的。

第六章

幼儿社会认知发展与教育

案例导入

我的家庭树（大班）

"我的爸爸像爷爷和奶奶，因为爸爸是爷爷奶奶的儿子。

我的妈妈像外公和外婆，因为妈妈是外公外婆的女儿。

我像爸爸和妈妈，因为我是爸爸妈妈的孩子。

我还像爷爷和奶奶，因为我是爷爷奶奶的孙子。

我又像外公和外婆，因为我是外公外婆的外孙。

我们家的每个人都像一棵树上的叶子，

你像我，我像你，

这就是我们家的家庭树。"

每一个孩子都有一个幸福的家，有爱我们的爸爸妈妈、爷爷奶奶、外公外婆，这些人组合在一起就是一棵家庭树。小朋友们通过学习儿歌《家庭树》，了解了简单的家庭人物关系，感受到了家庭其乐融融的幸福。

儿童从出生的那一刻起，就处于社会的包围之中，通过与他人交往，观察、理解他人的行为，形成自己对社会的认知。而已形成的社会认知又影响着儿童的自我意识和社会交往，这是儿童社会性发展的核心部分。

第一节　社会认知的概念和基本内容

学习目标

了解学前教育社会认知的概念和基本内容。

一、社会认知的概念

社会认知是指对社会个体（如爸爸、妈妈、老师等）及其之间关系（如父子关系、师生关系、朋友关系）的认知，以及对这种认知与人的社会行为之间关系的理解和推断（如幼儿生病了，父母会很着急，因为父母都爱自己的孩子），即个人对他人的心理状态（如高兴、害怕、伤心等）、行为动机和意向（如希望得到表扬、避免受到批评等）做出推测与判断的过程。

三 山 实 验

对儿童社会认知发展研究起到推动作用的是瑞士心理学家——皮亚杰，皮亚杰用两难故事法对儿童的道德判断进行了研究，认为儿童的道德判断是从他律阶段发展到自律阶段，即儿童的道德判断是从重视行为后果逐步发展为重视行为动机。皮亚杰的这一做法推动了学术界对儿童社会认知的研究。皮亚杰还认为幼儿的思维特点是以自我为中心，即儿童在思考问题的时候往往从自己的角度出发（比如，某小朋友认为喝热水对身体有好处，就会给小花浇热水，觉得这样可以让小花快快长大），很难站在别人的角度上去考虑问题，也不能将自己的观点与他人的观点很好地进行区分。

如图所示，在一个立体沙丘模型上错落摆放了三座山丘，首先让儿童从前后、左右不同方位观察这座模型，然后让儿童看四张从前后、左右四个方位所摄的沙丘的照片，

让儿童指出和自己站在不同方位的另外一人（实验者或娃娃）所看到的沙丘情景与哪张照片一样。7岁前的儿童无一例外地认为别人在另一个角度看到的沙丘和自己所站的角度看到的沙丘是一样的！这个实验证明了7岁前的儿童不具备观点采择能力，即从他人的角度来看待事物的能力。

图6-1 不同角度观察立体沙丘模型

二、社会认知的内容

人与人之间按照一定的联系组成了人类社会，幼儿从出生起就处于一定的社会关系中，并以自己的方式对周围的社会进行认知。人际关系、社会环境、社会角色、社会规则和社会重大事件是儿童社会认知的主要内容，这几个方面相互影响、相互制约。其中，对人际关系的认知是社会认知的核心，因为人际关系是儿童经常面对且无法脱离的，对人际关系的认知会影响儿童对其他方面的认知。

（一）人际关系的认知

在日常生活中，对于幼儿来说，人际关系主要包括亲属（亲子）关系、师生关系、同伴关系等。

1. 幼儿对父母长辈的关系的认知

幼儿从出生起，就生活在家庭中，显而易见，幼儿最初的人际关系就是同父母之间的关系，并且这种关系基础性地影响着幼儿的其他人际关系。幼儿对与父母长辈之间关系的认

知主要受到两个方面的影响：一是父母的教养态度；二是主要看护者。父母的教养态度主要有四种：权威型、专制型、溺爱型和放任型。权威型的父母认为自己的权威来自与孩子的沟通、家长对孩子的尊重和理解、对孩子卓有成效的帮助。在这种家庭中长大的孩子独立、自主、尊重他人。专制型的父母要求孩子绝对服从，过分约束孩子的行为，比如限制孩子的社交活动或制定过多的规矩。父母的恨铁不成钢让孩子容易恐惧和焦虑、胆小怕事。在溺爱型的家庭中，幼儿变身家里的小皇帝，想要什么就可以得到什么、为所欲为，孩子只看到自己的需求而忽略父母的需求，容易不尊重父母。在放任型的家庭中，父母忙于自己的事情而忽略自己的孩子，任凭自己的孩子自由发展，"听之任之"的态度容易让孩子与父母间的关系冷淡。幼儿的主要看护者是父母，幼儿则容易与父母形成亲密的关系；幼儿的主要看护者如果是保姆或者爷爷奶奶，幼儿则不易与父母建立亲密的关系。《指南》也要求成人：主动亲近和关心幼儿，经常和他一起游戏或活动，例如周末或下班回家后，与幼儿做一些简单的亲子游戏，亲一亲、抱一抱孩子；春天来了，组织一次家庭踏春之旅……让幼儿感受到与成人交往的快乐，建立亲密的亲子关系。

2. 幼儿对同伴关系的认知

同伴关系是指幼儿与自己年龄相近的幼儿之间的关系，在这种关系里，幼儿之间是平等的，可以充分地展现自我。同伴关系是幼儿三大关系（亲子关系、师生关系、同伴关系）的重要组成部分，在幼儿的成长中占有重要地位，并且随着年龄的增长，同伴关系将取代其他两种关系成为幼儿生活中最重要的关系。幼儿同伴关系的认知主要受到两个因素的影响：一是幼儿与同伴之间的友谊；二是周围同伴对幼儿的接纳程度。在班级群体中，幼儿和某个同伴建立友谊或受到其他同伴的认可，都有助于幼儿对同伴关系形成良好的认知。幼儿对同伴关系的认知主要是通过幼儿与同伴的交往实现的。《指南》要求我们为幼儿创造交往的机会，让幼儿体验到交往的乐趣。如：鼓励幼儿参加小朋友的游戏，邀请小朋友到家里玩，感受有朋友一起玩的快乐；幼儿园应多为幼儿提供自由交往和游戏的机会，鼓励他们自主选择、自由结伴开展活动。

图6-2　一起感受有朋友玩的快乐

3. 幼儿对师生关系的认知

幼儿在进入幼儿园以后，大部分时间都和教师生活在一起，教师的一举一动、一言一行都影响着幼儿。教师是幼儿生活中的重要他人，也是幼儿心目中的权威人物。达蒙用两难故事法研究了权威与服从的认知发展，幼儿对师幼关系的认知发展也遵循对权威认知发展的规律，要经历以下6个阶段或水平：

水平1 儿童将权威人物的要求看成是自己的愿望，对权威人物的要求无条件地服从。例如，教师说贝贝的衣服很好看，明明也认为贝贝的衣服很好看。

水平2 儿童知道权威人物的想法和自己想法是不同的，但是儿童会顺从权威人物的想法，以避免不必要的麻烦。例如，教师认为贝贝的衣服很好看，明明觉得贝贝衣服上的小熊不好看，但是明明也会说贝贝的衣服很好看。

水平3 儿童把社会地位上存在优势（如教师、警察）、身体上存在优势（如一个身强力壮、高大魁梧的人）、知识上存在优势的人（如科学家、教师）看作权威，对权威的崇拜和畏惧影响着儿童的思想和行为。例如，宝宝和明明对金鱼是否会睡觉的问题争论不休，这时小花走过来说："陆老师说了，金鱼是会睡觉的，只是它不会闭眼睛。"宝宝很得意地说："你看，陆老师都说金鱼晚上会睡觉。"明明也停止了争论，若有所思地说："哦，原来金鱼是会睡觉的，我以前都不知道。"

水平4 儿童将对权威的服从看作是对权威过去付出的一种回报或者是获得某种好处而做的投资。例如，幼儿觉得自己应该听妈妈的话，因为妈妈对她付出了很多。

水平5 儿童开始以理性的眼光来看待权威，并有条件地服从权威。权威的合理性在于领导或控制他人的特定能力。例如，一群玩玩具飞机的孩子中，最会玩的并且可以教其他人玩的孩子比较有权威。

水平6 儿童将能给集体带来利益或受集体欢迎的个体视为权威。代表班级参加比赛的小朋友、班上的小班长、经常受到老师表扬的孩子在集体中更具权威性。

图6-3 幼儿对师生关系的认知受教师一举一动、一言一行的影响

（二）社会环境的认知

社会环境是指人类生存及活动范围内的社会物质、精神条件的总和。幼儿生活在一定的社会环境中，社会环境中的各种因素总以这样那样的方式与幼儿发生着互动，影响幼儿各方

面的发展，幼儿也在与环境的互动中形成自己对社会环境的认知。我们依据极具影响力的美国著名的心理学家布朗芬布伦纳提出的生态系统理论将幼儿社会环境的认知分为以下四种。

1. 对家庭的认知

儿童对家庭的认知是逐步发展的，从对父母及家庭成员的认知到对家用物品的认知，从基本的日常生活规范认知到家庭中社会规范的认知。比如，知道家庭的主要成员、称谓、姓名、职业、出生年月或属相等，热爱和关心家人；知道家庭地址、电话号码、家庭中的主要设施，学会自我保护；知道家中常见的一些生活用品和家用电器的名称、用途或功能，培养动手能力；知道热爱、尊重和关心父母及长辈，为他们做一些力所能及的家务劳动等。幼儿园应组织以家庭为认知内容的一些社会教育活动，以从小培养儿童对家庭的责任感和了解对父母应尽的义务。

2. 对托儿所、幼儿园的认知

托儿所、幼儿园是幼儿进入的第一个集体教育机构，也是需要他们充分认知的一个重要社会环境。这主要包括知道自己幼儿园、班级的名称及所在班级教师的姓名，知道园内其他教师和工作人员的姓名，以及他们所从事的主要工作、他们的劳动与自己的关系等；知道幼儿园园内外的主要环境、主要设施和相关的行为规范等。

3. 对社会机构的认知

幼儿的生活离不开一定的社会机构，如医院、邮局、商场、超市、餐厅、理发店、银行、消防站、动物园、公园、影剧院、博物馆等。儿童通常会在幼儿园角色游戏活动中再现这些机构的情景和情节。此外，儿童应认识飞机、火车、公共汽车、出租车、地铁、轮渡等公共交通工具，认识清洁车、洒水车、救护车、消防车、车站、机场、码头等公用设施；参观工厂、农村、城市、学校等，知道它们的名称、相关职业的名称，了解各种职业人群的主要工作以及与自己的关系等。

4. 对家乡、国家与民族的认知

从小建立幼儿对家乡、国家与民族的初步认知，激发儿童爱家乡、爱祖国的情感，培养儿童一定的民族荣誉感。这主要包括知道自己的家乡、民族、祖国的名称，以及在地图上的大致方位；知道首都、国旗、国徽、国歌等；知道家乡以及祖国的风景名胜、著名建筑、风土人情、风俗习惯，以及主要的生活方式等；了解国家和民族的重大节日，如春节、清明节、端午节、中秋节、重阳节等；知道与自己关系密切的主要节日，如三八妇女节、五一劳动节、六一儿童节、国庆节、教师节、父亲节、母亲节等。

（三）社会角色的认知

社会角色是指与人们的某种社会地位、身份相一致的一整套权利、义务的规范与行为模式，它是人们对具有特定身份的人的行为期望，构成了社会群体或组织的基础。幼儿对社会角色的认知是指幼儿对社会角色（如：教师、妈妈、警察、工人）所享有的权利、履行的义务以及所遵循的社会规范的认知。幼儿对社会角色的认知的发展水平主要通过角色扮演表现出来，幼儿的角色扮演遵循一定的发展规律：重复角色的一个或几个行为——表现角色之间的互动——表现角色等一系列复杂的行为。小班幼儿对社会角色的认知主要停留在社会角色的外显行为上，如警察叔叔指挥交通，因而对角色的表现也主要是表现成人的外显行为，例如一个小班幼儿会重复给娃娃喂奶的动作。比起小班幼儿，中班幼儿对成人社会角色的认知要更加细致、深刻，并开始对社会角色之间的关系进行认知，体现在他们的游戏中就是角色之间开始出现互动行为。例如，某幼儿在家里和妈妈进行角色游戏，他要求妈妈扮演学生，由他来扮演老师。他像模像样地坐在椅子上说："谁坐得最最好？"妈妈还没有坐好，他就去纠正妈妈："妈妈你这样子不对，我在学校里都是老师说'谁坐得最最好'以后，我就坐好了。"到了大班，幼儿的生活经验较丰富，对社会角色的认知也更加细腻深刻，他们在角色游戏中会把角色的一系列复杂行为展现出来。例如，某大班幼儿在娃娃家玩做饭游戏，从洗菜——切菜——打开煤气灶——炒菜——把菜放在桌子上等一系列复杂行为全部展现出来，甚至连端菜时被烫了一下，也表现得惟妙惟肖。

视频七：排队真好

说明：此活动视频内容是幼儿社会规则认知的活动。排队既反映与个人生活的联系，也反映与幼儿园生活的关系。一方面，幼儿知道自己要通过排队来玩；另一方面，幼儿园可以根据这一情况来调整和完善活动。除此之外，排队还反映了一种与社会生活的联系，通过排队幼儿能掌握一项交往技能，了解排队有先后、需要等待以及要根据场所判断排队的方法等。

扫一扫，看视频

（四）社会规范的认知

社会规范认知的形成，是儿童社会认知发展的一个重要方面，也是儿童社会化的主要任务之一。儿童在不同的社会环境中会遇到各种各样的社会规范。他们要成为未来社会的合格成员，就必须了解和理解这些规范。幼儿对社会规范的认知主要来源于三个方面：一是父母、老师的影响，如父母经常告诫儿童"不能往楼下乱扔垃圾"、"吃饭时不能用筷子在盘子里乱翻"、"乘车要有次序地上下车"等；二是同伴互动，如一个孩子抢夺别人的玩具，同伴就会批评他"不能抢别人的玩具"；三是法律和道德规定，如公民文明行为规范、法律规则、交通规则等。社会规范在这里是一个较为宽泛的概念。幼儿对社会规范的认知主要包括基本道德规范、文明礼貌行为规范、公共场所行为规范、群体活动规范、人际交往规范等。

基本道德规范认知包括对是与非、对与错、爱与憎等道德问题的认知和判断。

文明礼貌行为规范的认知包括个体自身的素质修养、与人交往时的礼仪等，以及文明的言谈举止、使用礼貌用语、不随意打断别人的讲话、集中注意倾听他人讲话等。

公共场所行为规范的认知包括全社会都应该共同遵守的各种规则，主要包括公共卫生规则、公共交通规则、公共财产保护和爱惜规则等。

群体活动规范的认知，是个体对自身所处的某一社会群体活动规范的认知。幼儿的群体活动规范认知主要是对幼儿园集体活动规则的认知，这包括两个方面：一是对幼儿园日常活动规则的认知，如排队公平等待规则、轮流规则、集体服务规则等；二是学习、娱乐、游戏等活动的规则。

人际交往规范的认知是在社会系统内对社会互动起结构性作用的行为规范，这主要是指人际交往中待人接物的一些礼仪与规则，如接待客人或到别人家做客的礼仪，以及不同的民族和国家的一些习俗规则：中国人用筷子吃饭、西方人用刀叉吃西餐等。

此外，还有一种类型的社会规范认知——谨慎规范。所谓谨慎规范，是指那些经常遇到的、用以调节安全的行为规则，如"危险的地方不能去、危险的事儿不能干"等，"不给陌生人开门"、"外出要切断一切电源、水源和煤气"、"不要触摸电插座、开煤气、玩打火机"等。我们应通过各种途径，让儿童充分认知这些防止消极后果的行为规则。

幼儿对社会规范的学习是一个外部活动向内部活动转化的过程，要经过一个相当长的时间才可以完成。我国的一些学者把幼儿对社会规范的认知分为三个阶段：服从、模仿和理解。4岁前的幼儿处于服从水平，该水平的幼儿对社会规范没有自己的见解，如某幼儿很喜欢说脏话，但畏于老师的批评，才在老师面前不说脏话。这只是出于对长者的尊敬或畏惧而遵守社会规范，该水平的幼儿对社会规范的遵守是被动的。模仿水平主要指幼儿通过模仿成人或同伴的行为来遵守社会规范，如幼儿看到妈妈每天早上都会对老师说"早上好"，幼儿也一见到老师就说"早上好"。处于模仿水平的幼儿有主动学习社会规范的意愿，所以在层次上要高于服从水平，但在很长一段时间，这两种水平是共存的。五六岁的幼儿对社会规范的认知达到理解水平，处于理解水平的幼儿对社会规范的认知有自己的看法，能够主动地遵守社会规范，如幼儿明白遵守交通规则可以避免交通事故，过马路时遇到红灯，幼儿都会自觉等待。

（五）社会重大事件的认知

重大社会事件的认知，是幼儿了解社会、关心社会的一个重要途径。这主要包括了解社区、家乡和国家以及世界近期的一些重大活动，如2008年北京奥运会、2010年上海世博会、所在社区的"爱鸟周"活动、世界环境日活动、家乡的环境治理和环境保护活动等；了解国家和世界上发生的一些战争、重大灾害等，如2008年汶川地震、2011年日本海啸、伊拉克战争、非典、埃博拉疾病等。

第二节　幼儿社会认知发展的年龄特征

学习目标

知道幼儿社会认知的年龄特征及影响因素。

一、幼儿社会认知的年龄特征

儿童的社会认知并非与生俱来，而是个体在与周围社会环境的互动中形成的，是生物因素与社会因素共同作用的结果。儿童的社会认知将伴随他的一生，并影响他一生的成长和发展。

3—6岁幼儿对他人想法与观念的认知特点　3—4岁儿童不能站在他人的立场上理解对方的想法与观念，但是知道别人的想法和自己的不一样；4—5岁是转折期，儿童开始理解不同的立场有不同的看法；5—6岁的儿童开始能够试图站在他人的立场上理解对方的观点。

3—6岁儿童对社会环境和社会规则的认知　3—4岁儿童对社会规则已经有初步的认知，能做简单的道德判断，判断往往依据事物后果的大小，而忽略事物背后的动机；4—5岁儿童知道更多的社会规则和行为规范，并且能够体会他人的情绪反应；5—6岁儿童能够从事物背后的动机来进行道德判断，但是仍然相信权威。

3—6岁儿童对社会角色的认知　3—4岁儿童知道有不同的社会角色，对职业开始有初步的认知，但是受到其生活环境的影响；4—5岁儿童知道更多的职业及其特征，并开始对不同社会角色形成基本观念，比如领导、家长等；5—6岁儿童对社会角色有了更为全面和客观的认知，并且对自己将来所要承担的社会角色有了基本的期望。

小案例

> 向3—5岁的儿童讲述这样一个故事："一个叫小明的小男孩把巧克力放到抽屉A里，然后他到外面玩去了。在小明不在的时候，他妈妈从抽屉A里拿出巧克力做蛋糕，然后把剩下的巧克力放到抽屉B里。小明回来后，想吃巧克力。小明会到哪里去找巧克力呢？是到抽屉A里找呢还是到抽屉B里找呢？"3—4岁的儿童会回答说，小明回来后会到抽屉B里找巧克力，因为巧克力实实在在地在抽屉B里。这说明3—4岁的儿童还不能站在他人的立场上理解对方的想法，他们没有意识到其实小明不知道妈妈把巧克力放在抽屉B里了。4—5岁的幼儿则认为小明有可能先到抽屉A里寻找巧克力。这说明4—5岁的幼儿已经开始意识到不同立场上的人会有不同的看法。5—6岁的幼儿则认为小明会到抽屉A里寻找巧克力，因为小明没有看到妈妈把巧克力放进抽屉B里，小明认为巧克力还在抽屉A里。这说明5—6岁的幼儿已经开始站在对方的立场上试图理解对方的观点。
>
> （引自王振宇主编的《幼儿发展心理学》）

二、幼儿社会认知发展的影响因素

（一）认知能力及思维特点

儿童社会认知的发展也是随着年龄的变化而发展变化的，并受到儿童认知能力及思维特点的影响。儿童认知能力是儿童社会认知能力发展的必要条件。0—2岁的幼儿处于感知运动阶段，这阶段的幼儿主要通过动作来认识周围世界，无法区分自己和他人的观点。2—7岁的幼儿处于前运算阶段，幼儿的思维以自我为中心，具有不可逆性，这阶段的幼儿很难站在他人的立场上考虑问题，对规则和权威绝对服从。幼儿的年龄越小，其社会认知发展水平就越受到认知发展水平的影响，等到了十一二岁时，其社会认知发展水平与幼儿认知发展水平关系已经不是那么密切了。

（二）与同龄人的交流

有研究表明，同伴交往有利于促进幼儿社会认知能力的发展，受欢迎儿童的社会认知能力的发展水平高于不受欢迎的儿童。与同龄人的交往是幼儿的一种需要，幼儿在与同龄人的交往中可以感受被尊重与被接纳需要。幼儿在与同伴交流中，也会面临各种各样的问题与矛盾，在处理这些问题与矛盾时，幼儿可以学会站在他人的立场上考虑问题，尝试着让他人接纳自己的观点和想法，从而学会助人、分享、谦让等良好品质。

（三）父母的养育实践

幼儿社会认知的发展主要有两种途径：模仿和互动。父母自身特征和父母与子女互动的方式都会影响幼儿社会认知的发展。俗话说："父母是孩子的第一任教师。"父母待人和善、经常使用礼貌用语、遵守交通规则，孩子自然也会见面就向人问好、过马路遵守交通规则。反之，父母对人冷漠、随手乱扔垃圾，孩子也会见人不问好、垃圾四处扔。在父母与子女的互动中，父母经常教导幼儿使用文明礼貌用语、遵守交通规则、学会帮助别人，幼儿的社会认知发展水平就高；反之，则低。

（四）教育与文化

文化是一个民族的灵魂。我们每一个个体总是生活在一定的文化氛围之中，个体的一言一行都会受到文化的影响。文化有时间差异，也有地区差异。中国古代文化和中国现代文化之间是有差异的。国家和国家之间、地区和地区之间也是存在差异的。一般来说，发达国家幼儿社会认知发展水平高于发展中国家幼儿社会认知发展水平；城市幼儿社会认知发展水平高于农村幼儿。

教育也是影响幼儿社会认知发展水平的一个重要因素。学校教育把幼儿集中在一起，在短时间内向幼儿传递社会认知知识，使幼儿的社会认知在短时间内得到提高。教师在向幼儿传递社会认知知识时，要注意结合幼儿的认知发展水平和思维发展特点，这样才能做到因材施教、有的放矢，使幼儿在最近发展区内得到发展。

第三节　幼儿社会认知教育活动设计与实施

学习目标

初步了解幼儿社会认知活动的设计与实施。

幼儿社会认知教育活动的类型多种多样,但也有共同点,其设计的基本要求和基本结构如下。

一、幼儿社会认知教育活动的基本要求

（一）体现幼儿在社会化过程中的主动性和主体性

幼儿很早就表现出对社会环境和社会现象的好奇,并在此基础之上形成社会规范的认知。近年来,研究者发现,幼儿对社会环境和社会规范的认知,不再是简单地接受成人的传递和要求、只记住现行社会的行为规范就可以了,他们已经由社会规则的被动接受者变为主动者。他们在充分了解社会环境以及社会规范的基础上做出自己的判断、抉择,形成自己的见解。他们不是被动的个体,而是社会活动中积极的参加者。社会规范是通过主客体相互构建而形成的。站在个体的角度,这个建构过程就是个体对外部世界的体验过程,是个体用自己的身心去感受、关注、欣赏、评价外部世界进而形成经验的过程。它必然是个体自主进行的活动,其他人无法代替个体的主体地位。它具有主观能动性,不是对道德认识原封不动的认可和接受,而是自主地感悟和发现,是道德情感的内化。它必然会引起道德认知在一定程度上外显为儿童的自主行动。因此,社会认知教育活动要充分体现幼儿的主体地位,营造宽松和谐的氛围,使幼儿以主动的和创造性的方式参与社会认知教育活动,在主动建构中形成社会道德规范。

（二）鼓励幼儿与环境、材料产生积极互动

社会认知发展理论强调幼儿在对环境适应过程中的主动性。早在二十多年前,美国的HIGH/SCOPE学前课程模式就认为,幼儿主要依靠动作、自主学习、直接作用于环境而获得经验。马图索夫（MatuSov）认为,学校要给学生提供充分的活动和交往的环境,发挥学生的学习自主性。特别是充分利用师幼之间、同伴之间的相互作用,对幼儿的社会环境和规范认知发展具有一定的促进作用。因此,我们在开展社会认知教育活动时,要鼓励儿童与环境、材料积极互动,精心选择和设计社会活动环境,发挥幼儿社会认知的主动性。

（三）将游戏和体验作为社会环境和社会规范认知生成的途径

维果茨基认为,研究幼儿心理不能脱离儿童具体的生活环境,同时,游戏是促进儿童社

会性发展的手段。教师可以组织儿童开展角色游戏,以增进儿童对社会规范的认知。比如到娃娃家做客、文明乘车、带娃娃到医院就诊看病等,都可以丰富和强化儿童对文明礼貌行为规范和人际交往规范的认知。

目前,"体验"被学术界认为是社会规范与道德生成的一种重要方式和途径。"体验"就是让儿童亲身去经历,让儿童在实践的过程中动手动脑,使儿童在对社会环境和社会活动的直接"体验"中建构社会规范和道德价值观。

二、幼儿社会认知教育活动设计与实施的基本结构

任何一种社会领域教育活动都有其自身的结构,但各种活动间的结构又有不同之处。社会环境与社会规范认知教育活动的目标、对象、方式的特殊性,在活动的设计与实施结构中都有所反映。一般说来,有以下几个环节。

(一)运用多种方式引出活动主题

所谓引出活动主题,是指教师在活动开始时,开门见山地告诉幼儿本次活动中究竟要做什么,是参观某一社会环境,还是观看图片、影片,或者讲故事,来认识社会环境,学习相关的社会规范。在引出活动主题时,教师要灵活地采用多种方式,如唱相关的儿歌,直接告知等方式,激起幼儿对活动主题的好奇心和参与活动的积极性。

(二)引导幼儿充分观察认知对象

此环节的主要目的是在教师的指导下,使幼儿对新的认知对象,如社会环境和社会规范进行初步的认知。外出参观、实地观察等,都是幼儿社会认知和社会学习的主要形式。因此,在社会环境和社会规范认知教育活动中,教师要充分发挥观察的重要作用,让儿童在自己细致的观察中认识新的认知对象。例如在活动"参观超市"中,教师要带领儿童到超市进行实地观察,观察商店里有哪些工作人员,有哪些种类的商品,是怎样摆放的,顾客又是如何购物的,在超市购物应遵守哪些社会规范等。

(三)组织幼儿自由表达、表现自己的认知体验

通过前面的活动,幼儿对新的认知对象已有初步的认识和了解。这时,教师有必要提供一个供幼儿交流、讨论、对话的平台。以上述"参观超市"的活动为例,参观结束后,教师可以组织幼儿对话交流,"我在超市里看到了什么,它放在哪个货架上?""我在超市里看到顾客是如何买东西的?""在超市中看到哪些不文明的行为?应该怎样做才是文明的行为?"此外,教师也可以让幼儿把自己在超市里看到的不文明现象画出来和说出来,供大家交流评价。这样的表达、表现,有助于加深儿童对新的认知对象的认识。

在幼儿社会认知的过程中,对话是一种适宜的方式和途径。"课堂教学不是教师的独白,

而应当是智慧的对话。"正如弗莱雷所言："没有了对话，就没有了交流，也就没有了'真正的教育'。在对话中，我们不是相互对抗，而是共同合作。对话仿佛是一种流淌于人们之间的意义溪流，它使所有对话者都能够分享这一意义之溪，并且能够在群体中萌生新的理解和共识。"例如在我国传统故事《铁杵磨针》的教学活动中，在欣赏故事之前，教师出示一根大铁棒，问幼儿："这根铁棒可以把它磨成一根缝衣针吗？"结果16名参加活动的大班幼儿中有6名儿童选择"可以"，10名选择"不可以"，这是儿童的第一次选择。讲完故事后，老师再次提出刚才的问题，儿童的选择发生了改变，有10名儿童选择"可以"，6名选择"不可以"。两次选择之后，教师和儿童开展了交流与对话："老奶奶这样磨针合适不合适？有没有必要一辈子磨针？有没有其他更好的办法来代替？如果你是古代人，你会怎么做？如果你是现代人，你会怎样做？"结果，大班儿童提出古代人的方法可以是用牛角、用尖的草、用树枝、用动物的细骨头等来代替。中班儿童想出现代人的做法是去商店、超市买，向别人借一根针，自己发明磨针机等。这样的社会教育活动魅力无穷，既保留与发扬故事中的传统美德，又敢于打破传统故事中不合理的价值观，将改变过去那种"我说你听"、"我讲你记"的价值主宰式教学方式变为价值引导式教学方式，让儿童在对话、争论、思考和体验中心情愉悦地建构适应现代社会生活的社会认知和价值观。

（四）引导幼儿正确认知社会环境和社会规范

在教育关系上，教师与儿童是平等的，同时教师也是"平等中的首席"，应与儿童共同参与学习、思考、探究、体验。在这一环节中，教师与儿童共同沉浸在对话、交流与游戏之中。教师应用符合时代要求的社会规范来引导儿童，用自己对社会环境的认识来影响儿童。当幼儿对社会环境和社会规范的认知发生冲突时，教师应对儿童进行合理而积极的引导。例如，针对"在超市中不想购买的物品可不可以随手乱放"、"图书馆里可不可以大吼大叫"等问题，当儿童争论不休的时候，教师要对儿童合理引导，启发儿童思考，从而找到真正的答案。

 活动方案

月光长廊——我叫轻轻

活动目标

1. 懂得走路、说话、取放物品都要轻轻。
2. 体验轻轻给大家带来舒服的感觉。

活动准备

物质准备：手偶小老鼠一个、小猫一个、小青蛙一个，月光长廊背景图，玩具。

经验准备：已欣赏过故事《月光长廊》。

活动过程

1. 观看手偶表演,回忆故事情景。

(1)观看手偶表演。

小老鼠出场:吱吱吱,小朋友你们好!我叫轻轻,我在月光长廊下,瞧我唱歌多轻,我喜欢这安静的长廊,我不怕小猫了,我和小猫跳起了舞。

小猫出场:喵喵喵,小朋友你们好!我也叫轻轻,我在月光长廊下,瞧我跳舞多轻,我也喜欢这安静的长廊,大家在一起,不吵不闹游戏多快乐。

小青蛙出场:呱呱呱!我也叫轻轻,我在月光长廊下,本想大声地喝彩却发现会打破长廊的安静,于是,我轻轻地敲打起来为小猫和小狗伴起了音乐。

(2)讨论。

提问:

◆ 宝贝们,你们刚才看到了哪些小动物?他们都有一个什么名字?

◆ 他们为什么都叫轻轻?

◆ 你们喜欢这月光长廊吗?为什么?

教师小结:小动物们跳舞、唱歌、伴奏都是轻轻的。月光长廊这安静、好听的声音,连小猫和小老鼠都成为好朋友,一起跳起了舞。

2. 观看情境表演,体验走路、说话、取放物品都要轻轻。

◆ 嘈杂的活动声音。

◆ 重重敲门、乱放玩具。

提问:你们喜欢这样的声音吗?为什么?

那我们应该怎么做呢?谁来试一试。

教师小结:大声说话,重重地敲门,这些声音让我们听了很不舒服,对我们的健康有害。我们也要像这些小动物一样要轻轻走路、轻轻说话、轻轻敲门。

3. 游戏:"老猫睡觉醒不了"。

教师扮老猫,幼儿扮小猫。老猫背对着小猫睡觉,小猫们自由活动,有的搬椅子、有的看书、有的画画、有的整理玩具。如果发出较大声音,老猫就会醒过来。

◆ 交代游戏的玩法以及规则。

◆ 幼儿游戏。

教师小结:那我们以后说话、搬椅子、看书什么都要这样轻轻的,这样的声音才好听,才有礼貌。

活动延伸

"我叫轻轻"的磁带、录音机放在区域活动中,让幼儿反复欣赏,提醒幼儿动作轻、说话轻。

设计者:张莉、秦云

活动方案

游戏规则（中班）

活动目标

1. 知道在比赛、游戏中都需要规则。

2. 要有自觉遵守规则的意识。

活动准备

活动材料准备：人手一个塑料圈、刘翔比赛录像等。

幼儿经验准备：认识刘翔；进行跑步比赛、拍球比赛。

活动过程

1. 观看刘翔比赛片段。

（1）引导语：这个运动员是谁？他参加的是什么比赛？

观看第一次比赛。

引导语：第一次比赛为什么取消了？（因为有人抢跑而取消了）

（2）观看第二次比赛，完整看完比赛。

引导语：除了同时起跑，跨栏比赛还可能有什么规则呢？让我们仔细地找找看。

（3）小结：大家要同时起跑，跑自己的跑道，跨完所有的栏，第一个冲过终点的为冠军。只有运动员们都遵守了规则，这才是一场公平的比赛。

2. 参与套圈游戏。

（1）引导语：今天我们就来举行一次套圈比赛，怎么比才公平呢？我们也要制定一下规则。

（2）鼓励幼儿讨论比赛规则。

小结：要站在线的后面，脚不超过这条线；每个人的圈圈数相同。

（3）幼儿开始比赛套圈，老师观察幼儿比赛的过程后进行统计。

（4）小结：在今天的活动中，我们可以发现遵守比赛规则让比赛更公平；遵守游戏规则能让我们玩得更愉快。其实在我们的生活中还有许多的规则，就让我们都来做个遵守规则的好孩子吧。

3. 愉快游戏。

引导语：我们刚刚讨论了游戏规则，大家都知道了在玩游戏时要遵守规则。现在，请你和你的好朋友们，一起玩游戏吧。

活动延伸

一起制作游戏规则版面，放在区域活动内，供游戏时大家参考。

活动方案

人民币里的小秘密（大班）

活动目标

1. 初步知道人民币是中国的钱币,尝试着在仔细观察与比对中发现人民币里的不同之处。

2. 在分享与交流中,感受到人民币与我们生活的息息相关。

活动准备

活动材料准备:

1. VCD录像、实物投影仪、电视机。

2. 人民币(纸币、硬币)。

幼儿经验准备:已经阅读过图画书《钱》。

活动过程

1. 看看识识人民币。

请幼儿观察不同面值的人民币,让幼儿认认。

引导语:这是第五套人民币,有五元、十元、二十元、五十元、一百元。

2. 人民币"排排队"。

请幼儿按不同方式给人民币"排排队"。

指导语:

● 谁能将人民币整齐地排成一排。

● 请你将人民币从小到大更整齐地排队。

● 请用换位置的方法,将人民币按照从大到小的顺序排好队。

小结:原来头和尾换一换,方向马上变化了。

3. 比比说说人民币。

(1) 游戏:局部小推测。

出示人民币的一部分,幼儿通过观察,猜测是几元的人民币。

(2) 游戏:观察大比对。

A. 请幼儿寻找各种面值人民币的不同点(比如颜色、数字、大小、文字、花纹)。

B. 请幼儿寻找各种面值人民币的相同点(中国人民银行、国徽)。

小结:因为有了国徽、中国人民银行、毛主席,所以它是中华人民共和国的人民币。

4. 人民币背后的小秘密。

(1) 出示几张人民币的背面,请幼儿观察。

引导语:

● 人民币背后是什么样的？（风景画）

● 人民币背后和正面不一样。

● 人民币背面就像小朋友说的是风景、山、水、建筑。这个风景会是什么国家的？会是外国的吗？为什么呢？

（2）教师向幼儿介绍第五套人民币（一元、五元、十元、二十元、五十元、一百元）的背面图案。

思考与练习

1. 简述幼儿社会认知的主要内容。

2. 说一说幼儿社会认知的年龄特征及影响因素。

3. 谈一谈幼儿社会认知教育活动应该如何设计和实施。

4. 某天小红和小明因为过马路争论起来了，小红说："等绿灯亮了以后才可以穿过马路。"小明说："你真傻，如果绿灯一直不亮你不是要等很长时间吗？红灯亮时，如果路上没有车子也可以过马路的。"二人对此争论不休，如果你是老师，你会怎么做？

幼儿归属感的发展和教育

新学期开始了，幼儿园又迎来了一批新的宝宝。入园第一天，倩倩妈妈带着倩倩来到了小（一）班。刚进入教室，倩倩就开始撕心裂肺地大哭起来。老师们不约而同地围了上去："倩倩不哭，来老师抱抱！""倩倩乖！看，这里有这么多小朋友，一起玩多开心呀！""老师带你去玩好玩的好吗？"可是无论老师怎样说都无济于事，只见倩倩双手紧紧地搂住妈妈的脖子，脸已哭到发红，成了个小泪人，不停地摇着头说："我不要离开妈妈！我要回家！我要回家……"一旁的妈妈也跟着掉眼泪。

对于小班的幼儿来说，离开家庭进入幼儿园这个新环境，难免会对父母、爷爷奶奶有所依恋，焦虑哭闹。归属感是儿童社会认知中的重要情感，对于幼儿的亲社会行为和人际交往有着十分深远的影响。本章将归属感的概念和各年龄段归属感的特征进行阐述，并提供培养幼儿归属感的教育策略。

第一节　幼儿归属感的概念和年龄特征

学习目标

了解幼儿归属感的概念和年龄特征。

一、幼儿归属感的概念

归属感是指个人自觉被别人或被团体认可与接纳时的一种感受，分为对人（个人和群体）、对事业、对自然的归属感。对幼儿而言，归属感就是让幼儿感觉到自己是家庭、集体或幼儿园的重要一员，被他人接受、被他人认为有价值以及与他人成为一个整体的一种情感；是对自己所处群体在思想上、感情上和心理上的认同与投入，愿意承担作为集体一员的各项责任和义务及乐于参与集体活动。幼儿的归属感主要包括集体归属感、民族归属感和国家归属感。幼儿最早期的归属感是对集体中人的归属感，并逐渐扩展到群体（班级等），这种情感强调归属一个人或集体（家乡、祖国等）。将归属感作为社会适应中的重要目标，而非只是放在民族文化或多元文化认识中一带而过的内容，这是一种重大的进步和突破。归属感让儿童具有安全感和舒适感，获得责任感和成就感，获得热爱家庭、热爱家乡、热爱集体、热爱民族、热爱祖国的情怀。

知识链接

需要层次理论

美国著名心理学家马斯洛在1943年提出的"需要层次理论"（Maslow's hierarchy of needs）认为需要分为五种，像阶梯一样从低到高，按层次逐级递升，分别为生理上的需要、安全上的需要、情感和归属的需要、尊重的需要，以及自我实现的需要。

同一时期，一个人可能有几种需要，但每一时期总有一种需要占支配地位，对行为起决定作用。各层次的需要相互依赖和重叠，高层次的需要发展后，低层次的需要仍然存在，只是对行为影响的程度大大减小。五种需要像阶梯一样从低到高，按层次逐级递升，但次序不是完全固定的，可以变化，也有种种例外情况。其中"情感和归属的需要"，对于幼儿来说，是指渴望得到家庭、团体、朋友同伴的关怀、爱护、理解，是对友情、信任、温暖的需要。幼儿缺乏归属感的明显表现为恋物、烦躁焦虑、哭闹不止等。

二、幼儿归属感发展的年龄特征

（一）幼儿归属感的发展具有层级性

（1）由近到远，即生活半径从家庭、社区、幼儿园，再到家乡、国家、地球，越来越远。

（2）由小到大，即地理版图从小到大，从最小的家庭逐步扩大到国家和地球。

（3）由个体到群体，即从我自己到他人、群体。

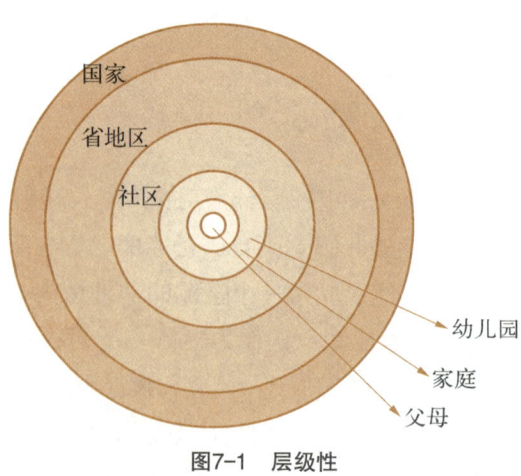

图7-1　层级性

（4）由熟悉到陌生，即交往的对象从亲人到陌生人，社会环境、社会规则等都是从熟悉到陌生。幼儿首先体会到自己是家庭的一员，感受到父母的爱和爱自己的父母、亲近与信赖长辈；其次对所生活的社区进行了解，感受邻里和睦；入园后，能感受到同伴、老师、班级、幼儿园的温暖关怀；然后，从知道和了解自己的家乡建筑特色、风俗习惯到了解本国家的民族和文化，热爱家乡和祖国；最后知道世界上虽然有不同的国家、不同的民族和不同的文化，但是世界是一个大家庭，对不同文化要接纳和相互借鉴学习，和平是大家所向往的。如图7-1所示。

因此，在幼儿园中为归属感的发展提供支持性策略，应遵循逐级扩展和提升的规律和原则。不仅要注意年龄段的发展特点，也要注意归属感培养目标自身的层级特点。

（二）幼儿归属感的发展具有年龄特点

1. 小班儿童归属感的主要特点

一声声哭声此起彼伏，惹得班里的幼儿一个接着一个开始找妈妈。这是小班幼儿刚入园时最常见到的情景。第一次离开爸爸妈妈的怀抱，第一次过集体生活，是孩子从家庭走入社会的第一步。小班儿童的归属感主要是对家庭的依恋，表现出对家庭的较为强烈的依恋，亲近和信赖长辈。小班幼儿大多知道自己的家住在什么社区，入园后都将在一段时期内面临一个新环境后的分离焦虑期。分离焦虑是指婴幼儿因与亲人分离而引起的焦虑、不安或不愉快的情绪反应，又称离别焦虑。

小案例

"我不在班里！"

"我不去幼儿园！"

"我要回家！我要妈妈！呜呜呜……"

爸爸妈妈离开后，小虎就开始大哭大叫，在地上打滚，随手扔东西，甚至对老师"拳打脚踢"。一旁的莉莉从一开始就默默地流泪，到后来也跟着呜呜哭起来。

图7-2　小班儿童分离焦虑强烈

约翰·鲍尔比（John Bowlby）通过观察把婴儿的分离焦虑分为三个阶段：① 反抗阶段——号啕大哭，又踢又闹；② 失望阶段——仍然哭泣，断断续续，动作的吵闹减少，不理睬他人，表情迟钝；③ 超脱阶段——接受外人的照料，开始正常的活动，如吃东西、玩玩具，但是看见母亲时又会出现悲伤的表情。小班幼儿都会经历这三个阶段。例如每天入园总是来带着自己的玩具，一刻也不离手；不停地哭闹，反复要求回家；在老师们的安慰和劝阻下会默默地哭泣，但是不参与活动。看到别的家长来接园也会哭，甚至不顾一切，独自一个人往外跑，找家、找家人等。这一阶段幼儿的归属感的建立与其和代养人之间的依恋质量密切相关。

"母爱剥夺"试验

美国威斯康星大学动物心理学家哈洛用恒河猴做的"母爱剥夺"实验是心理学界的经典实验。他们将刚出生的"婴猴"脱离母亲的哺养，单独关在笼子里。笼子里装有两个"代理妈妈"：一个用铁丝编成，身上装有奶瓶；另一个用绒布做成，身上不设奶瓶。小猴饥饿时在铁丝妈妈身上吃奶，但当小猴歇息或恐惧时便趴到绒布妈妈身上去。研究发现，小猴不仅需要食物，还有一种先天的需要便是与母亲亲密的身体接触，哈洛称之为"接触安慰"。从这个实验推断人类婴儿也具有接触安慰的先天需要。

自20世纪60年代美国心理学家约翰·鲍尔比（John Bowlby）对依恋进行精细的研究以来，关于儿童依恋的研究开始受到研究者的关注。美国心理学家安斯沃思（Ainsworth）所提出的用实验室观察——陌生情景法测量婴儿依恋行为的方法成为经典范式。研究者把婴儿在陌生情景中的表现作为评定依恋性质的标准，指出婴儿的依恋行为可以分为四种类型。这四种依恋类型主要的行为特征如下：

（1）A型：焦虑—回避型依恋（insecure-avoidant）。

他们对于母亲在不在身边无所谓，在母亲离去时并无紧张或焦虑不安；当母亲回来时也不予理会，或者只是短暂接近一下很快又走开，表现出忽视及躲避行为。这类婴儿接受陌生人的安慰与接受母亲的安慰没有很大差别。实际上，他们对母亲并没有形成特别的依恋，所以有人称之为"无依恋儿童"。

（2）B型：安全型依恋（secure）。

他们与母亲在一起时能舒心地玩玩具和做游戏，并不总是依附母亲。在母亲离去时，他们会明显地表现出苦恼；当母亲回来时，他们会立即寻求与母亲的接触，并很快安静下来继续做游戏。

（3）C型：焦虑—矛盾型（insecure-ambivalent）。

他们非常在意母亲在不在身边。当母亲即将离去时，他们会非常警惕；当母亲离开时，他们会表现出强烈的反抗，甚至发怒，大哭大闹，不再做游戏；当母亲回来时，他们对母亲的态度极其矛盾，既希望寻求与母亲的亲密接触，但当母亲亲近、拥抱他们时，又表示出反抗与拒绝。但是，他们不马上离开母亲，会时不时地朝母亲那里看，似乎期待着母亲再次地拥抱和亲吻他们。所以，这种依恋又被称为"矛盾型依恋"。

（4）D型：紊乱型（disorganized）。

他们缺乏对陌生情境的一致策略，当母亲离开时，他们会跑到门前哭泣；当母亲回来时，他们会迎向母亲，头却突然转向另外一个方向，表现出寻求亲近但又回避与反抗的矛盾行为方式。有时还表现出突然的或者怪异的举动，表情茫然，或者僵立不动；有时则出现冷淡、静止、缓慢的运动和表现；有时会直接对父母表现出莫名其妙的恐惧和异常的行为。

总之，这种类型的依恋是A、B、C三种类型以非同寻常的方式复杂地结合起来，在陌生情境中表现为杂乱无章，缺乏目的性、组织性，前后不连贯。有研究表明，D型儿童常常来自低收入阶层家庭，尤其以被虐待和母亲有抑郁倾向的儿童居多。

在以上四种依恋类型中，A型、C型和D型都是属于不安全依恋的类型。在以后的发展中，A型儿童很容易出现退缩行为；C型儿童很容易出现攻击行为；D型儿童则很容易出现A型和C型儿童的混合行为，发展的结果常常是产生许多行为问题和心理障碍。一般来说，儿童的安全或不安全依恋类型是相对稳定并长期保持的，但是也可能随周围环境的变化而变化。

3岁以后，大多数儿童进入幼儿园，他们逐渐把依恋对象从父母转移到老师和同伴身上。此时，幼儿依恋行为的发展进入高级发展阶段——寻求老师和同伴的注意与赞许的反应阶段（3—6岁），尤其是逐渐产生对教师的依恋情感。幼儿对老师的依恋主要表现为更多地寻求老师的注意与赞许，尤其是中大班儿童。

知识
链接

拥抱的力量

科学研究证明，在孤儿院的孩子尽管有足够的食物和玩具，有舒适的床铺休息，但这些孩子比普通家庭的孩子发育慢、体质差，原因就是因为缺乏母亲的爱护，或者说缺乏与母亲的皮肤接触。为了解决这个根本问题，必须给孩子补充足够的精神营养。

美国著名心理学家赫洛德·傅斯博士曾说过："拥抱可以消除沮丧，能使体内免疫系统的技能上升；拥抱能为倦怠的躯体注入新生命，使你变得更年轻，更有活力。在家庭中，每天的拥抱将能加强关系及大大地减少摩擦。"

其实，家人之间，朋友之间，特别是爱人之间或者父母和儿女之间，适度的拥抱能传达彼此的关心、爱护、想念等亲切的情感。当你张开双臂拥抱孩子时，他们在大人的臂弯里感受到了爸爸妈妈的体温。这让亲子之间的依恋关系进一步得到加强，也给孩子带来了安全感，让他们感到自己无论做什么，都有父母作为坚强的后盾，一个拥抱似乎在告诉孩子："宝贝，你一定行！"于是，这样的孩子胆子更大，遇到挫折时也不会感到孤独。

图7-3　拥抱的力量

2. 中班儿童归属感的主要特点

小案例

　　这天是中二班慧慧小朋友生日，她给班级里的小朋友和老师带来了生日蛋糕，小朋友们也给慧慧送上了生日礼物。丽丽和强强说，等到自己生日的时候，会邀请小朋友到自己家中一起过生日。

　　平时放园的时候，会看到小朋友们三五成群地一起相约回家。当被问及"谁是你的好朋友"时，他们也会指出自己身边的"好朋友"。

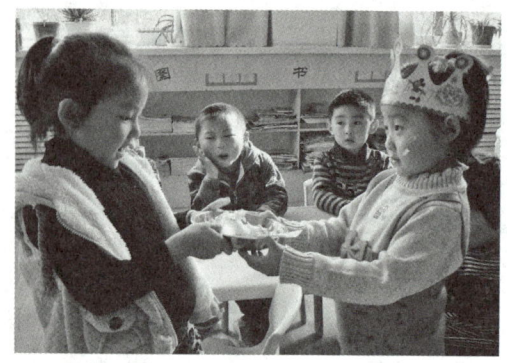

图7-4　中班幼儿归属感与其集体融合感密切相关

　　中班儿童的归属感主要是对幼儿园和集体的归属感，表现为喜欢自己所在的幼儿园和班级，为自己是班级的一员而感到高兴，也十分愿意参加集体活动，比较关心所在班级和小组是否获得荣誉，当被老师和同伴认可和接纳时感到特别愉快；反之，则沮丧、失落。中班儿童会开始了解和知道自己居住地周围的环境和标志性建筑，意识并且知道自己是中国人，认识国旗，会跟唱国歌。这一阶段的儿童的归属感主要和其集体融合感密切相关，并开始在意老师和其他儿童对于自己的看法和观点。

视频八：夸夸我的班级

　　说明：视频主要表现了中班幼儿对班级的归属感。中班幼儿的归属感还处于萌芽状态，为有效激发幼儿的归属感，此活动采用混班模式，通过"相互介绍，了解彼此——夸夸自己的班级，激发荣誉感——闪现集体生活的场景照片"等游戏环节激发幼儿的班级归属感，潜移默化地引导幼儿在之后的日常生活中更加关注自己的班级，包括身边的人和发生的事。

扫一扫，看视频

---

3. 大班儿童归属感的主要特点

　　大班儿童的归属感是对集体的归属感和对国家民族的归属感，相较中班的集体归属感，大班儿童的这种情感体验更为深刻，表现出更多的自觉性和自主性。大班儿童愿意承担集体的责任和义务，积极参加集体活动，他们很喜欢集体活动，为了集体的荣誉竭尽全力、加油呐喊，非常在意竞赛的成绩，很在意自己是否被老师和同伴肯定和接纳，喜欢听老师和家长介绍社会热点

　　新学期,大(四)班的小朋友帮助老师打扫卫生,从家里带来了小动物和盆景布置自然角,给班里饲养的小动物带食物,给种植园地上的植物浇水拔草……

　　班级里"我爱大(四)班,我爱幼儿园"一角,贴满了小朋友们平时集体做早操、一起踏春、参观博物馆、六一表演和小小运动会等集体活动与获奖的照片。墙上都是大家和老师们洋溢的笑脸。"美丽的祖国"主题墙饰上张贴中国地图,地图上用彩笔或小标记标出了小朋友们去过的地方和留影。

新闻、家乡的变化以及祖国取得的重大成就,知道汉族和主要少数民族的风俗习惯和民族文化。这一阶段的儿童的归属感与其集体荣誉感和责任心密切相关,他们开始关注集体的荣誉和自己在集体中的作用和地位,而且也开始关注国家和民族与自己的联系,为自己是中国人而自豪。

　　在让儿童逐渐把握本民族文化特色、形成对本民族文化的归属感的同时,进行多元文化的教育是十分必要的。要让儿童以客观、公正、开放、包容的态度对待外来文化,培养其初步的文化认知感与判断力。美国学前教育专家莫里逊(George Morrison)认为,多元文化教育能帮助儿童理解、欣赏、尊敬其他种族、性别、社会经济、语言和文化背景,是使儿童能够在一个不同文化的世界中生活、学习、交往和工作的教育。英国学前教育专家福斯特(Hitary Faust)认为,多元文化教育是反种族偏见的教育(anti-racist education),它不仅能满足种族少数儿童的需要,而且也能为所有儿童提供反映英国社会多文化特性的教育。

　　尽管不同的学者在界定多元文化教育的概念时表现出差异,但都强调应引导儿童意识到文化的独特性和多样性,使儿童学会尊重别人、友好地与别人合作,可见多元文化教育是儿童形成归属感的重要教育途径。

　　综上所述,培养儿童的归属感,需要抓住他们各阶段的年龄特点,去寻找教学活动的中心点,小班:依恋——家庭、人;中班:依恋——集体、家乡;大班:荣誉感——集体、国家。

第二节　幼儿归属感培养的教育策略

学习目标

　　知道幼儿归属感培养的教育策略。

　　儿童归属感的培养应结合多种方式和途径,专门的活动与渗透性的活动相结合,社会、情感领域的活动与其他领域的活动相结合。同时,在目标的设定上应注意儿童的年龄特征,以及归属感培养目标自身的层级特点。

一、幼儿园教师的教育策略

在进入幼儿园后，幼儿脱离原有的小家庭环境，开始了全新的集体生活，这时候幼儿的自我中心观点也在不断地向集体意识转化。现在的孩子多是独生子女，在家里容易养成自我主义观点，在学校与小朋友相处中往往缺乏集体荣誉感与责任感，影响其融入班级，进而影响其归属感的建立。孩子的集体观念是在成人的感染和熏陶下形成和发展起来的，尤其是老师，应该在日常生活中培养孩子的集体感与责任感。

（一）通过积极参与集体活动，培养集体荣誉感

现代社会个人和集体总是分不开的，一个人总是属于大大小小集体中的一分子，人的发展离不开集体。具有集体观念的人更容易融入一个新的环境，并与集体共荣辱，这是一个人不可或缺的品质。如果在这个阶段针对幼儿园和班级里的重大事情和计划，请幼儿集体讨论决定，可以培育孩子良好的集体意识。此外，孩子在幼儿时期会表现出各种主动尝试的愿望，如要自己吃饭、穿衣服等，这都是一种责任心的萌芽。教师应该及时抓住机会，给孩子分配他能达成的任务。教师通过让孩子劳动的方式，让他明白每个人都应该承担属于自己的责任。对于孩子自我动手的行为，家长应给予表扬，让孩子以有责任心为荣。

图7-5 参与集体活动

（二）鼓励交往和互动，让孩子尽快融入集体

要让孩子有集体感，首先要让孩子在这个集体里感受到放松和快乐，这就要孩子能尽快适应幼儿园的集体生活。教师在平时的教育中，应该让孩子学会与人交往、懂得分享，培养孩子的自信与谦让的品质，让孩子在幼儿园成为一个受欢迎的小朋友。良好的同伴关系会让孩子在集体生活中感受到快乐，孩子之间也会渐渐形成彼此关心、互相帮助的友爱关系，让孩子感受到集体就是一个温暖的大家庭。此外，教师也应当多和孩子一起参加活动和游戏，尽量在班级中营造温馨的氛围，比如和幼儿一起翻阅照片、讲幼儿成长的故事等。例如在《指南》

中提到,在大班教学活动中,教师通过和孩子们一起分享绘本《逃家小兔》的故事,和孩子一起探讨"孩子们,为什么妈妈要变这么多东西追小兔呢?""你是小兔你会怎么做呢?为什么?"引导孩子们去理解,孩子都是妈妈的心肝宝贝,妈妈是非常爱他们、关心他们的。从而让幼儿感受到家庭和幼儿园的温暖、老师的和蔼可亲,进而对养育自己的人产生感激之情。

(三)通过日常竞赛性活动,激发集体荣誉感

在日常的幼儿园生活中,教师可通过让孩子做游戏、讲故事的方式让他们对集体观念有直观的理解。一些团队活动能让孩子懂得"集体力量大"这一道理,而通过与别的班级进行竞赛活动,会让孩子懂得个人与集体的关系。孩子会渐渐明白自己是集体的一名成员,自己做得好就会给整个集体加分;自己做得不好,就会影响别的小朋友或整个集体。孩子会发现在集体中不能像家里一样随心所欲,必须受到集体规则的约束。

(四)通过专门性活动和渗透性活动萌发幼儿爱家乡、爱祖国的情感

所谓专门性活动是指幼儿园常规的社会领域集体教学活动,具有有目的、有计划、有组织的特点,可以保证社会领域教育目标的达成。渗透性活动是指在一日生活的各个环节、其他领域教育活动中有机地开展归属感教育。可以在社会领域活动中进行专门性的归属感教育,在其他领域活动中渗透归属感教育。例如,可以利用升旗活动,向幼儿介绍国旗、国歌以及升国旗奏国歌的礼仪;组织外出郊游活动,让幼儿欣赏家乡的美好风景,搜集家乡的名胜古迹、著名建筑的图片和资料,讲述家乡的风土人情;可以通过歌曲、杂志、电视节目、动画片或画报、绘本等使幼儿知道当地的、国家的民族文化传统及风俗习惯等。幼儿动画片生动活泼、语言规范简洁、简单夸张、节奏感强、动态呈现等特点能够调动幼儿的多种感官,使他们的各种感官相协调,全身心地投入到观看动画片的活动中,不易分心,如身临其境,与动画片中的角色一起经历活动、体验,有效地克服了现实生活中的孤独感,因而深受幼儿喜爱。诸如《大闹天宫》、《小蝌蚪找妈妈》这些具有鲜明民族特色的优秀动画片,都可以成为孩子们了解自己国家文化和艺术的主要途径之一。通过这些动画的观看,孩子们也更愿意了解自己的文化、民族的艺术。

二、家庭中的教育策略

(一)帮孩子顺利渡过"断奶期"

一定的焦虑有助于孩子的成长,但长时间的焦虑则会影响孩子的健康,这也正是许多家长所担心的。孩子入园的不适应困扰着家长,动摇了送孩子入园的信心;然而,家长的担忧、摇摆和焦虑反过来又会强化孩子的焦虑。所以,为有效缓解孩子入园的焦虑,家长首先要调整好自己的心态,放心地把孩子交到老师手上,相信老师有办法解决问题。家长放心,孩子才可能安心。

1. 为孩子提供爱心和支持

当他哭时，给以安慰，当他害怕时，消除其疑虑，设法减轻孩子的恐惧。

2. 做好思想准备工作

告诉孩子他长大了，要上幼儿园了，那里有许多小朋友陪他一起玩，有许多好玩的、好吃的，爸爸妈妈下班了就来接他回家。

3. 与孩子一起准备入园用具

陪孩子一起买新书包，家人赠送文具，祝贺孩子长大进入幼儿园。

4. 陪同孩子参观幼儿园

在教师的安排下，可以参与到幼儿的游戏当中。在幼儿自由游戏过程中，教师与家长可以亲切地交谈，让幼儿感到父母与教师很熟悉，以促使幼儿放心地与教师交往。

5. 结伴入园

在参观幼儿园的过程中，家长有意与其他家长交谈，帮助自己的孩子主动与其他孩子交朋友，入园时见到有认识的小朋友，幼儿会比较容易且愉快地融入集体。

（二）帮助建立对于幼儿园的积极情感

幼儿归属感的建立也需要家园之间的教育合力，家长对于幼儿园教育工作的支持也会更好地促进幼儿的归属感的建立。

1. 家长要经常向自家孩子转达教师和其他小朋友对他的喜欢和关心

比如，家长可以告诉孩子，老师如何喜欢他，小朋友如何喜欢他等。尤其是在孩子因故（生病、幼儿园放寒暑假）不能上幼儿园时，家长更要设法让孩子了解到老师和同伴对他的思念。从而让他时刻体会到集体的温暖，进而对班集体产生归属感。

2. 家长要注意唤起孩子在园的积极体验

每天孩子回家后，家长可以问问他：今天幼儿园里有什么快乐的事发生？你和哪个小朋友玩了什么有趣的游戏？你和老师说了些什么？老师给了你什么帮助？家长经常这样问，既有利于让孩子感觉到幼儿园生活的乐趣，又有利于引导孩子逐渐学会发现幼儿园和小朋友对他的"好"，进而更加向往幼儿园的生活。家长切记：不要用幼儿园教师来吓唬孩子，这样只能让孩子越来越害怕上幼儿园。

（三）培养孩子对于家人和家族的归属感

（1）让孩子参与制定家庭决策，并且多和孩子待在一起。例如，可以从一起讨论周末干什么、过生日该买什么礼物、午饭吃什么之类的简单问题着手，家长甚至可以以家庭会议的形式来讨论这些，这样孩子们就能提出他们自己的想法。如果可能的话，也可以尽可能多和孩子一起就餐。虽然不能每餐都在一起，至少保证每周1—2次与全家人一起就餐。同时记得要关掉电视和收音机，大家边吃边谈，增进感情。

（2）给孩子讲家族的故事，让她了解自己与家族的历史渊源和发展过程。此外，也可以让孩子有机会与家族成员相处,可能的话,带他们去看望祖父母、堂兄妹和叔叔婶婶等。尤其是在重要的节假日,例如春节的时候,可以举办一些家族活动,让孩子体验到家族的温情和凝聚力。

（四）培养孩子对于民族和国家的归属感

（1）以讲故事的方式告诉孩子中华民族有多么悠久的历史,并让他了解中华民族有多少优秀的传统文化。比如说上下五千年的中国历史,古代的四大发明,以及一些能够推动历史前进的英雄人物的事迹等。

（2）通过画报和地图告诉孩子中华民族是一个多民族的大家庭。让孩子知道除了自己以外,在这片土地上还生活着一些和自己生活习惯、衣着服饰、饮食文化、居住环境都大不相同的人,而这些人有一个共同的名字：中国人。有机会的话,品尝一些民族小吃,听不同的民族音乐,都是丰富孩子对祖国的认识的好办法。

（3）爱祖国是一个庞大的概念,可以让孩子从身边做起,爱爸爸妈妈、爱老师、爱班级、爱社区、爱家乡……点点滴滴的爱累积起来,就是对祖国的爱。此外,也可以让孩子亲身游历祖国的大好山河,或者去参观各种纪念馆、博物馆、文物古迹,既陶冶了身心,也能激发出孩子对祖国大好山河的热爱之情。

第三节　幼儿归属感教育的相关活动设计与实施

> **学习目标**
>
> 初步了解幼儿归属感活动的设计与实施。

幼儿的归属感包括集体归属感、民族归属感和国家归属感,其教育活动的类型多种多样,但也有共同点,其设计的基本要求和活动形式如下。

一、幼儿归属感教育活动的基本要求

（一）主体性原则

主体性原则强调的是在幼儿归属感教育活动中,要正确认识教师与幼儿的地位和关系,充分发挥教师与幼儿两方面的主动性、积极性与创造性。幼儿是活动的主体,幼儿归属感教育活动的活动目标要指向幼儿归属感知、情、意、行的发展,活动内容需围绕幼儿归属感的具体指标与发展需要,活动过程中强调幼儿参与,活动评价以幼儿归属感水平是否提升为准绳。而教师是活动的主导,为幼儿组织归属感教育活动,要营造自由而安全的活动氛围,构

建平等师幼关系，鼓励幼儿主动参与活动，并给予适宜的示范与指导。师幼协同、相互促进的状态，是归属感培养过程中所必需的。

（二）融合性原则

融合性原则主要表现在：第一，多种活动形式的有机融合。在归属感教育活动设计中，可融合游戏、故事、录像、绘画、表演等多种形式。这不仅是形式上的融合，更是情感上的融合。第二，集体教育与个别教育相融合。即教师通过集体来教育个别幼儿，又通过个别幼儿的教育来影响集体，二者是辩证的统一。在幼儿归属感培养的过程中，必须正确处理好集体与个人的关系，一方面，教师面向集体，要制定合理的班级规则，积极组织幼儿参与集体活动，发挥集体的作用；另一方面，针对幼儿归属感发展水平的差异，应提出不同的教育要求，因材施教。

（三）差异性原则

个体差异是指个体在认识、情感与意志等心理活动过程中表现出来的相对稳定而又不同于他人的心理、生理特点。在遗传素质不同、家庭环境差异、幼儿园教育水平不一等因素的影响下，幼儿无论在归属感发展水平、归属感形成与发展速度上都存在差异。因此，在设计和实施幼儿归属感教育活动时必须考虑到个体差异性，主要体现在两方面：第一，幼儿之间的基础性差异，即幼儿在参与活动之前存在的生理、心理差异，如有的幼儿在归属感行为维度上（如集体活动参与度上）比较敏感，而有的幼儿在归属感情感维度上（如对教师、同伴的情感体验）更为细腻。第二，幼儿之间的活动性差异，即每位幼儿在活动中达到培养目标的时间、程度、方式等存在差异。只有尊重幼儿的个体差异，才有可能实现教育的公平，实现教育目标。

（四）活动内化原则

维果茨基在内化论中指出，活动是内化的重要途径，学习离不开外界环境的刺激。幼儿归属感的初步建立同样离不开外界丰富的环境刺激，也离不开个体积极的活动。通过活动中的锻炼和实践，在产生与归属感相关情感体验的基础上，幼儿才能形成对较为稳定的情感态度，从而将其内化为个体的心理品质。由此可见，活动是归属感建立的中介，内化是幼儿归属感建立的表现。

二、幼儿归属感教育的活动形式

（一）集体教学活动形式

幼儿园集体教学活动是幼儿园的活动之一。集体教学活动时间占幼儿园的活动时间比例较小，但它有其他活动不可替代的价值。首先从幼儿园的师幼比来看，集体教学活动能经济有效地实现教学目标；其次，集体教学活动能集中锻炼教师的多种专业技能，而教师又可将习得的教学技能转化到一日活动各环节中，从而提高幼儿园的教育教学质量。

视频九：我的家乡真好

扫一扫，看视频

说明：视频中的活动培养了大班幼儿对家乡的归属感。大班幼儿的归属感体验会更深刻，表现出更多的自觉性和自主性。此次活动视频中，教师通过"喜欢上海——这就是上海——欣赏上海"三个环节，层层递进，调动幼儿的已有经验，让幼儿讲述喜欢上海的理由，介绍带来的上海的宝贝，并与老师和同伴进行互动，激发幼儿对家乡的喜爱之情。

（二）分组活动形式

分组教学根据班内幼儿的发展水平和特点，有针对性地将幼儿分成两组，以利用活动区进行有目的、有计划的小组或个别教育，安排不同的活动，促进幼儿的兴趣发展。分组教学有利于提高幼儿自由活动的效率，规范幼儿的行为。教师进行分组教学，更有精力去注意组内幼儿的发展情况。分组教学使每组活动的幼儿人数减少，教师也不会因为分身不暇而忽略了某些幼儿的活动问题。

（三）区角活动形式

幼儿园一般是围绕某一个主题开展教学活动的，教师则会创设与主题相关的区角，进行相应的区角布置。区角活动是幼儿园每个班级都会采用的形式，例如在运用乡土教育资源进行幼儿归属感教育时，区角活动形式发挥了独有的作用。幼儿带来的银杏树、板栗树等特色植物，能够促进幼儿更有兴趣、更有动力地去接触、感受家乡的特别之处。但是区角活动的范围毕竟有限，涉及的幼儿也有限，这是区角活动有待完善的方面，也是普及家乡常识的局限所在。

（四）户外活动形式

当幼儿的身心发展具备了一定的条件，也具备了一定的知识能力，除了上述几种活动形式以外，他们非常乐意参与各种在户外开展的活动，并帮助教师做一些力所能及的事。特别是在有大型户外活动的节日时候，幼儿往往表现得非常兴奋。这种活动形式可以让幼儿自己发现乐趣，让幼儿根据自己的乐趣来进行活动，教师在旁边根据幼儿的实际情况进行随机教育，大大加强了教育的针对性和有效性，同时也减轻了不少教师和家长的负担。教师可以一定程度上给予幼儿真正想要的知识，更全方位地满足幼儿的需求。

活动方案

入园亲子系列活动（小班）

设计意图

入园初,新生往往会产生分离焦虑情绪,这会给幼儿的身心健康造成不利影响。通过一系列的亲子活动来助推新生快乐入园,最大限度地缓解新生的分离焦虑情绪,帮助新生跨好入园这道"坎儿"。

活动过程

一、亲子活动之交往适应篇——我的幼儿园

（一）活动目标

1. 幼儿发展目标:促进幼儿对教师、同伴以及环境等的熟悉感,增进幼儿的安全感和信任感;体验交往,乐于分享,学会轮流、等待等集体活动行为,愿意融入集体。

2. 家长成长目标:了解孩子交往能力发展的目的和意义,会引导孩子去学习交往、分享、轮流、谦让等行为;尽可能地给孩子创造与同伴交往的机会,帮助孩子建立自己的朋友圈。

（二）活动形式

在这一组亲子活动中,通过语言活动"大家欢迎我",让幼儿互相做自我介绍以熟悉同伴;通过音乐游戏"找朋友",促进幼儿之间的交流,培养幼儿的交往意识;通过分享活动"我喜欢的玩具",让幼儿学习分享,体验分享的乐趣;通过体能活动"拉小车",让幼儿学习在集体活动中的合作、轮流以及等待等行为;通过亲子手工活动"我的朋友多又多",让幼儿感受交往所带来的乐趣,等等。这些亲子活动可以充分发展幼儿的交往意识,既锻炼了幼儿的交往能力,又减缓了幼儿入园因不熟悉同伴、教师而产生的焦虑情绪。

二、亲子活动之语言表达篇——这就是我

（一）活动目标

1. 幼儿发展目标:在别人面前愿意交流,能勇敢说出自己的想法;树立自信心和独立意识。

2. 家长成长目标:引导幼儿初步了解自己,鼓励幼儿敢于交流。

（二）活动形式

入园以后,很多幼儿是因不敢主动表达自己的意愿而哭闹,如不敢表达想家了、想喝水了、想上厕所了等意愿。所以在这一组亲子活动中,通过语言活动"我喜欢的图书""我喜欢的活动""我会做的事情""我的好朋友"等可以锻炼幼儿的语言表达能力和表达的胆量,从而使幼儿能够充分表达自己的意愿。

三、亲子活动之生活自理篇——看我多能干

（一）活动目标

1. 幼儿发展目标:具有初步的生活自理意识和能力;学习穿脱衣裤、独立进餐和如厕;

愿意自己午睡；乐于自己整理玩具,等等。

2.家长成长目标:认识自理能力对孩子的重要性,引导孩子树立自理意识,培养孩子简单的生活自理能力,为孩子提供锻炼自理能力的机会。

（二）活动形式

生活自理能力不足会给幼儿入园造成很大的障碍。往往会打击幼儿的自信心,造成幼儿的焦虑感和不安全感。而造成幼儿自理能力不足的主要原因,是家长的包办代替。所以在这一组亲子活动之前,可以首先帮助家长树立正确的观念和意识,让家长意识到培养孩子自理能力的重要性。其次通过"我会穿衣服""喂娃娃吃饭""我的本领""宝贝劳动秀"等亲子活动,来提高幼儿的生活自理能力。

四、亲子活动之愿望激发篇——我想上幼儿园

（一）活动目标

1.幼儿发展目标:在集体活动中有积极愉快的情感体验,有盼望上幼儿园的积极情绪。

2.家长成长目标:初步了解孩子在园的基本活动方式,鼓励孩子融入幼儿园活动,帮助孩子在集体活动中获得愉快情感体验。

（二）活动形式

可以组织新生及其家长分别和小班、中班、大班的幼儿或幼儿家庭互动,激发幼儿盼望上幼儿园的积极情感。通过"快乐的联欢会"活动,让幼儿感受长大、独立的骄傲;通过"亲子时装秀"活动,让幼儿体验集体的温馨与快乐;通过"图书交易会"活动,让幼儿感受交换、交流的乐趣,等等。这些亲子活动可以给幼儿在心理上做好入园的充分准备,激发幼儿乐于入园的愿望,从而使幼儿爱上幼儿园。

五、亲子活动之融入环境篇——我的班级我做主

（一）活动目标

1.幼儿发展目标:熟悉即将生活的班级环境,建立对班级的归属感和安全感。

2.家长成长目标:引导幼儿熟悉环境和自己的物品,帮助幼儿建立班级归属感和安全感。

（二）活动形式

引导家长和幼儿熟悉班级环境和设施,参与班级区域创设,让幼儿在班级里体验到熟悉感和安全感。例如,在亲子活动"我的物品"中,幼儿和家长一起贴标记,了解自己的杯子、毛巾、小床等在哪里。在亲子活动"快乐的班级中",新生和家长一起参与区域环境创设,如在"娃娃家"里悬挂幼儿的照片、在"小书吧"里放上幼儿喜欢的图书、在"分享区"里摆上幼儿喜欢的玩具等。通过上述亲子活动,让幼儿能够快速地融入幼儿园环境之中,减缓环境陌生带来的焦虑感。

（作者:西南大学实验幼儿园 甘秉春）

活动方案

中班绘本《团圆》

活动目标

1. 过年家人要团圆,理解亲情的重要。(认知)

2. 感受和家人一起过团圆年的快乐,培养爱家庭的积极情感。(情感)

3. 能够积极参与家乡春节贴春联、放鞭炮、拜年等主要习俗,培养爱家乡的积极情感。

活动过程

（一）谈话导入

1. 教师出示圆圈：看到这个圆的时候,你想到了什么？（引出团圆）

2. 师：一般在什么时候,家里人会在一起团圆呢？

3. 今天我们就一起来看图画书《团圆》。

（二）观察封面

1. 出示封面,仔细观察,图上画了谁？

2. 这个故事大概是关于哪些人的？

（三）阅读绘本,讲述故事

1. 看清书上的日期,告诉学生这个是过春节的时候。过年的时候,家里人都在做哪些事情,怎么过年的？

下面我们就看看毛毛一家是怎么过年的。

老师读故事,学生一边看图,一边认真听。

2. 回顾故事,思考问题。

（1）提问：爸爸在外面盖房子,每年只回来一次。今天毛毛和妈妈起得特别早,妈妈和毛毛起这么早都干了哪些事情？ 为什么要起这么早？

（2）爸爸回家了,毛毛远远地看着他,不肯走近,爸爸走过来,一把抱起毛毛,用胡子扎毛毛的脸。"妈妈……"毛毛吓得大哭起来。你看到自己的爸爸会这样吗？ 那毛毛怎么会这样？

（3）爸爸理发之后,毛毛有什么感觉？ 后来又和爸爸做了什么事情？

（4）包汤圆的时候到了,仔细看,爸爸把什么包进了汤圆,为什么？ 第二天,是谁吃到了好运币？

（5）拜年的路上,当大春从口袋里拿出大红包时,你猜毛毛是怎么想、怎么做的？

（6）要下大雪了,爸爸做了什么事,你们觉得爸爸是个怎样的人？

（7）爸爸带毛毛去屋顶,毛毛在爸爸背上看到了什么？ 如果你是毛毛,会不会很开心？

（8）第二天,毛毛与小朋友一起玩,回到家发现好运币丢了,她是怎么做的？ 心情怎样？

（9）最后好运币找到了吗？毛毛心情怎么样？

（10）爸爸要走了，爸爸答应再回来的时候给毛毛买一个洋娃娃。毛毛想要洋娃娃吗？她是怎么做的？

3. 复述故事，每人说自己印象最深的部分。

（四）拓展练习

1. 说说自己和爸爸妈妈在一起最开心的事情。

2. 爸爸妈妈每天辛苦地工作，还要照顾我们，你最想跟爸爸妈妈说些什么话呢？

（资料来源：南京雨花教育网）

思考与练习

1. 你是如何看待幼儿入园焦虑问题的？

2. 幼儿归属感有哪些发展特征？

3. 如何针对不同年龄段的幼儿实施归属感教育策略？

4. 如何能够在多元文化教育和本土教育之间达成平衡？谈谈你的看法。

5. 案例分析：

小明的妈妈遇到了一件麻烦事情，那就是小明每次入园之前都必须哭闹一番，尽管每次事前有跟他说过妈妈会来接他，但他仍然是一见到妈妈离开就哭起来，而且哭个不停，哭得声嘶力竭，拉扯着妈妈不许妈妈离开他。为此，每次早上只能由校车接送小明，但是情况仍然是很不理想。

如果你是小明的老师，面对这样的情况，你会采取什么措施？给妈妈什么建议？

第八章

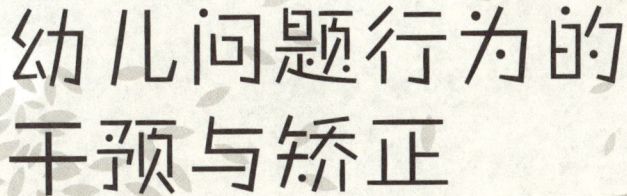

幼儿问题行为的
干预与矫正

案例导入

一位妈妈的自述：

"孩子两岁多了，脾气很怪，总是跟大人对着干，跑到厨房随手拿个东西就扔到脏水桶里；别人没招惹她就拿东西打别人；吃饭把桌布或者脏东西扔到别人碗里……真的不知道她是怎么想的。这属于调皮的表现吗？即使挨批评了也不改，批评完以后该干嘛还干嘛，弄得大人很头疼，讲道理根本就记不住。"

沉默的童童：

大班的童童敏感、内向、沉默寡言。他害怕被老师注视和询问，甚至还怕受表扬时老师和小朋友赞许的目光。他拒绝和成人交谈，老师问他也不答，基本上不参与任何活动。老师和小朋友的热情邀请，也总是被他默默地拒绝。

我们常说，"儿童是花朵"，需要呵护，那么，当成长中的花朵遭遇一些小问题时，我们的园丁们、护花使者该怎么办？近年来，儿童的问题行为发生率呈现出急剧的上升趋势，引起了全社会的广泛关注。2004年，全国15个城市的儿童医学专家对我国幼儿的问题行为进行调查。他们从学龄前（3—6岁）儿童常见的大量问题行为中，评出影响中国幼儿身心健康发育最常见的十大问题行为，指出气质是影响儿童行为发育的重要因素。儿童问题行为的处理，是一项春风化雨、润物无声的工程。在这一章里，我们将一同探讨幼儿问题行为的表现特征及其各种影响因素，并介绍一些干预技术的运用。

第一节　幼儿问题行为概述

学习目标

1. 了解幼儿的主要问题行为类型以及表现。
2. 懂得初步的问题行为的鉴定和判断。

一、问题行为的概念

问题行为是相对于幼儿的正常行为而言的，两者处于一个连续体的两端。大多数儿童都处于该连续体的中间位置，也就是说，大部分儿童都存在一定的问题行为，只是在程度上有所差异。那么儿童行为究竟具有什么特征，才能被称为正常行为呢？

评估幼儿的行为是否正常的标准主要有以下几个方面：

（1）行为必须与年龄相符，也就是说，幼儿所表现的行为与大多数同龄儿童是一致的或相似的。

（2）幼儿的行为必须与当地的社会文化相适应。

（3）幼儿通过学习能掌握并使用所处社会的语言，参与社会生活和人际交往等。

（4）在日常生活、学习中，能够逐步学会遵守纪律，懂得奖与罚的意义，并能遵守有关的法则。

（5）能够正确处理同伴关系以及与同伴之间发生的冲突。

（6）逐渐学会控制自己的情绪，其情绪表现与环境相一致。

问题行为通常是指在严重程度和持续时间上都超过相应年龄所允许的正常范围的异常行为，因此问题行为又被称为行为异常。也就是说，这些幼儿的行为通常和他们同等发展或成熟的儿童所遵守的标准相冲突，面临社会适应的困难，无法从事学习活动和接受正常教育。

二、问题行为的表现

从总体上看，幼儿问题行为的发生率较低，不存在显著的性别差异，却表现出显著的年级差异，即小班幼儿的问题行为明显多于中班和大班幼儿，他们在行为上所表现的偏异往往显示出心理和情绪的冲突。一般具有社会适应有持久性困难、社会行为不受普通方法的限制、对周围环境和社会现实不理会等特征。例如，幼儿胆小、易怒或做白日梦等长期存在；扰乱集体活动；在正常情形下有不适当的愤怒、无理由的猜疑、莫名其妙的紧张，不能和四周人群建立交往关系等，都表明幼儿的行为可能有一定的问题。

具体地说，幼儿的问题行为表现为三个方面：第一，行为不足。这是指人们所期望的行为在该幼儿身上很少发生或从不发生，例如幼儿很少讲话或者不愿与别人交往，不喜欢参与集体活动，智力可能比较迟滞，生活难以自理等。第二，行为过度。这是指某一类行为发生次数太多或持续时间过长，反应过于强烈。例如在上课时经常思想不集中，小动作不断，随便走动；常常为一点小事就大喊大叫，吵闹不休；经常咬指甲等。另外，有些正常行为如果发生太多也会成为问题行为，如幼儿一天到晚反复地洗手。第三，不适当行为。这是指人们所期望的行为在不适宜的情境中发生，但在适宜的条件下却不发生。例如，幼儿在遇到老师、家里来客人时不愿意打招呼，但是在独处时却反复地说："你好！""请坐！""再见！"

三、问题行为的分类

一般说来，对幼儿的问题行为进行分类，是从问题行为的内容着手的，主要可以分为四类：

（一）发育过程中的问题行为

这类问题行为是与幼儿的成熟度有关的。也就是说，在前期某一段时间可能发生一些问题行为，但是在后来适当的教育训练下可以得到缓解、好转或消失。因此，这类问题行为一般都是暂时性的，主要有吮吸手指、咬指甲、依赖性、退缩、乱发脾气等。

（二）心理发育障碍性问题行为

这是指由于幼儿心理障碍而引发的问题行为，如多动症、言语障碍、进食障碍、学习困难等。这类问题行为一般需要特殊的教育训练和专业指导才能克服。

（三）心理性问题行为

这是指心理问题造成的问题行为。如由于矛盾心理原因引起的神经性行为，表现为强迫行为、歇斯底里行为、神经性厌食等；或由不良情绪引发的问题行为，有过度敏感引起的神经质、多疑、过分依赖、敌对情绪等；或性格方面的问题行为，有性格偏执、粗暴、胆怯、退缩等；或学习方面的问题行为，表现为拒绝上幼儿园；或活动过度的问题行为，有注意障碍、冲动、综合多动症等；或习惯性方面的问题行为，有厌食、儿童遗尿症、吮吸手指、睡眠失调等。

（四）品德性问题行为

这是指由于接受不良教育的原因而造成的问题行为，如撒谎、说脏话、偷窃、不遵守规则、攻击性行为等。这类问题行为需要家长和老师长期的教育指导，才能得以改善。

知识
链接

儿童问题行为的常见问题行为

一、儿童自闭症

儿童自闭症（或称孤独症）是发生于儿童早期的一种涉及感知觉、情感、语言、思维和动作与行为等多方面的发育障碍，也是广泛性发育障碍中最为常见和典型的一种，它不是由一般的单一的原因造成的，而是由于多数原因的障碍症候群。其主要症状为：

（1）社会交流障碍。一般表现为缺乏与他人的交流或交流技巧，与父母亲之间缺乏安全依恋关系等。

（2）语言交流障碍。语言发育落后，或者在正常语言发育后出现语言倒退，或语言缺乏交流性质。

（3）重复刻板行为。

（4）智力异常。70%左右的孤独症儿童智力落后，但这些儿童可能在某些方面具有较强能力，20%智力在正常范围，约10%智力超常，多数患儿记忆力较好，尤其是在机械记忆方面。

（5）感觉异常表现为痛觉迟钝、对某些声音或图像特别的恐惧或喜好等。

（6）其他常见行为包括多动、注意力分散、发脾气、攻击、自伤等。这类行为可能与父母教育中较多使用打骂或惩罚有一定关系。

二、幼儿多动症

幼儿多动症又称注意力缺陷多动症，或脑功能轻微失调综合征，是一种常见的儿童行为异常疾病。这类患儿的智力正常或基本正常，但学习、行为及情绪方面有缺陷，主要表现为注意力不集中，注意短暂，活动过多，情绪易冲动，学习成绩普遍较差，在家庭及学校均难与人相处，日常生活中常常使家长和教师感到没有办法。多动症的临床症状有：

（1）注意力集中困难。多动症儿童注意力短暂、易因外界干扰而分心。不能自始至终地做完一件事，上课时不注意听讲，做小动作，东张西望或走神开小差等。

（2）活动过多。多动症儿童常常手脚不停、坐不住。上课小动作多、话多、乱跑、乱跳、爬上爬下、不知危险，喜欢惹人、常与同学吵嘴打架等。

（3）冲动任性、情绪易激动。多动症儿童自控能力差、情绪不稳定、易激动、易怒、易哭、易冲动、常发脾气。个性倔强、固执、急躁，表现幼稚、缺乏荣誉感、不辨是非，有的说谎、逃学、欺骗，有的外出不归，甚至染上恶习。

（4）学习困难。多动症儿童虽然智力正常，但都表现出学习困难：记忆辨别能力差、常把"b"写成"d"或把"6"写成"9"等，学习成绩低下。有的智力很好，但学习成绩却不理想，表现为成绩忽上忽下，波动很大，成绩呈跳板样改变。抓一抓成绩就上去，不抓就下降，甚至造成留级。

（5）精细及协调动作困难，多动症儿童动作笨拙，如系纽扣、系鞋带、削笔动作不灵活，走路不成直线等。

（6）神经系统体征。常见的如指鼻试验、快速对指试验、轮替试验、翻手试验为阳性。

四、幼儿问题行为的影响因素

儿童的每一种问题行为绝不是"无本之木、无木之源"，近年来，有关幼儿问题行为影响因素的研究非常多。教师和家长要想科学有效地干预并逐步改善幼儿的问题行为，需要通过观察访问，逐步了解引起幼儿产生该行为的原因，即把握问题行为的影响因素。

（一）生物因素

生物因素主要包括遗传、孕产期损害、疾病感染、身体发育状况等，这是幼儿产生问题行为的先天条件。一般来说，这样的孩子更需要成人因地制宜地运用适当的方式方法对幼儿的问题行为进行控制和改善。遗传与环境对幼儿的影响，一直是发展心理学界有争议的话题。虽然我们不是遗传决定论者，但是也不能完全排除遗传对幼儿问题行为产生的影响。研究表明，年龄小的幼儿比年龄大的孩子的问题行为更多一些。另外，幼儿自身的气质特点也是其发生行为问题的原因之一。大量研究表明，难育型和启动缓慢型两种气质特点都易使儿童发生多种行为问题。有行为问题的孩子一般在集体中处于不受欢迎、受到拒绝或忽略的地位。遭受拒绝的儿童最易产生攻击和破坏行为，而被忽略的儿童在各个方面的积极性都较低。

（二）家庭因素

家庭是影响幼儿产生问题行为的环境因素之一，是幼儿最初成长、生活时间最长的场所。在家庭里，幼儿逐步学会最初的社会生活技能、道德规范和行为准则等。家长的教养方式、家庭的环境，包括物质环境、精神环境的创设都可能成为导致幼儿产生问题行为的原因。

1. 家庭教养方式

在家庭中，家长的教养方式是直接影响幼儿行为习惯养成、社会化发展的因素之一。父母的教养方式可能对儿童的行为产生不良影响的主要包括：父母教养技能缺失、父母角色能力不足、父母不良的人格特征和行为模式，以及双亲关系不良等。父母缺乏教养技能，表现在育儿方面缺乏自信，经常采用简单批评、粗暴体罚等方式，不能很好地教育孩子。此外，父母抑郁、酗酒等不良性格特质以及夫妻关系紧张，也会导致孩子问题行为的产生。例

图8-1　家庭中的父母关系对孩子影响很大

如，高度抑郁的父母对幼儿的控制就比较多，往往采用批评的方式对待孩子。父母的情感支持行为可以减轻儿童的社交退缩、违纪、攻击性行为和强迫行为，如给孩子温暖的关怀和理解；而父母的拒绝、过度保护或溺爱则容易导致儿童的行为问题。

小案例

　　6岁的小凯已经上小学一年级了。学校离小凯家不过400米，邻居家的小朋友都是放了学大家结伴回家，可是小凯妈妈却给小凯立下了严格的规定：妈妈不来接他，他就

不能回家；周末不准小凯出去玩，即使学校里组织春游，他也不能参加。总之，小凯大部分的时间都被爸爸妈妈给安排好了，最后导致小凯没有一个朋友，不论遇到什么事情都首先要向爸爸妈妈汇报。

分析：

现在大多数孩子都是独生子女，家长往往担心孩子安全而进行过度保护，担心孩子日后发展而给孩子设立种种规则，结果限制了孩子自主性的发展，严重伤害了孩子的自尊心。家长必须把握好规则与自由的张力，让孩子在规则中自由成长，这样的孩子才会既守规则又有创新精神。

2. 家庭教育环境

苏联教育家马卡连柯指出："家庭是最重要的地方。在家庭里，人初次向社会生活迈进。"家庭是幼儿最早的社会化环境，尤其是家庭中营造的精神环境氛围，与幼儿的行为发展有密切的关系，对幼儿的发展有潜移默化的影响。由此可见，和谐的家庭气氛、良好的家庭道德观念是促进儿童社会行为发展的有利条件。除精神环境外，家庭的物质环境对幼儿的行为发展也同样重要，这是因为，物质环境是幼儿得以成长的基石，能够满足幼儿生存的基本需要。当前一些地方居室住房条件差、幼儿活动空间小以及"电视保姆"等现象的存在，使得幼儿交往的伙伴减少，交流对象单一，这不仅不利于良好人际关系的建立，还限制了幼儿户外活动的自由，不可避免地给幼儿的身心和谐发展带来负面效应，影响幼儿的社会化发展。

小案例

● 妈妈在家里给5岁的小华制定了严格的作息制度：每天晚上8点准时睡觉，早上7点必须起床。刚开始，小华能按照妈妈的要求去做。可是每晚当小华睡觉的时候，客厅里还隐隐约约传来爸爸妈妈看电视的声音；有好多次小华早上近8点醒来时，妈妈还在睡懒觉。

● 一天，小虎的妈妈带小虎过人行道时，恰好遇到了红灯。见两边没有车，妈妈便一把拉住小虎的手直往前冲。小虎不解地问："妈妈，你不是告诉我不能闯红灯吗？"妈妈却不耐烦地说："一会儿妈妈还有事，要赶时间，哪有时间浪费在这里。"

分析：

家长给孩子制定严格的规矩，但是自己却不愿遵从，这会让孩子感到矛盾和愤怒，长此以往，孩子就不愿意再听从父母的意见了。所以父母不仅要求孩子遵守规则，也要自己在行为和言语上遵守自己制定的规则，即使孩子违反了，也不能严厉处罚，而是要先告诉他不可以这样做的原因或是可能导致的后果。

3. 社会因素

社会环境包括儿童居住地区的社会风气和学习环境。良好的社会环境可以使儿童的行为向好的方面发展,有助于减少儿童行为问题的发生;反之,则会增加儿童行为问题,如品行障碍的发生。这里介绍的社会环境,不仅包括幼儿园环境以及其中的同伴关系和师幼关系,同时还包括社会大环境如大众传媒的介入。幼儿园是幼儿除家庭之外接触较多的一个环境团体,为幼儿拓宽交往范围提供了一个平台。在这里,幼儿与家庭成员以外的教师、同伴打交道,有利于促进幼儿社会化的进程。但是,幼儿园也可能成为幼儿产生问题行为的温床。例如,幼儿在班级中不受欢迎,是导致他们产生问题行为的原因之一。一般而言,受忽视的儿童攻击等问题行为较多。此外,幼儿还受社会上各种视觉媒体的影响。

第二节 幼儿问题行为的干预技术

> **学习目标**
>
> 知道幼儿问题行为的干预技术并能运用。

作为一种超越社会应允范畴的特殊行为,儿童的问题行为将不同程度地影响到个体今后在社会交往等各方面的正常发展,严重的还可能引发违法犯罪。所以,对儿童问题行为的指导和恰当有效的干预措施十分重要。每种干预技术都有其长处与不足。作为教育工作者,如何认识各类干预技术的价值,如何在实践中正确地运用,如何综合不同的干预技术解决问题行为,应当成为我们关注的重要问题。

一、强化法

(一)强化法的定义

强化法是行为矫正法中的常见方法之一,也是教师常用的一种干预技术。

> **小案例**
>
> **【案例1】多动的乐乐**
>
> 乐乐已经上幼儿园大班了。他是个非常活泼好动的孩子,"好动"得简直让人难以置信,就像装上了弹簧一样,一秒钟都停不下来。他走路上蹦下跳,左摇右摆,还故意撞

人。上课对他来说，与下课没有任何区别，他想干什么就干什么，心里根本没有集体活动规则。即使硬被老师按在椅子上，也无济于事。他总是要左拧右拧，打闹嬉戏。要求他集中注意力做一件事情，真是难上加难。在家更是不得了，回家时他像圈在笼子里的小猴子重返了大森林，上蹿下跳。用家人的话说，和他待上一会儿就头疼。

后来，经医生诊断发现，乐乐原来是患了多动症。医生给乐乐开了一些药物，同时要求家长和教师配合进行教育治疗。医生告诉他们：药物治疗只是辅助，必须结合有效的行为干预技术。在对乐乐多动特征观察分析的基础上，他们一起为乐乐制定了行为改善计划，即：只要乐乐有点滴进步，比如能坐下来五分钟听老师讲话，老师和家长就马上奖励他，如给他一个拥抱，允许他看最喜欢的动画片，请他做小组长，等等。渐渐地，乐乐比以前安静和懂事多了，也不再总是和小朋友吵闹了。

【案例2】爱打人的强强

刚上幼儿园小班没几天的强强，就成了幼儿园里的"公众人物"——他总是欺负别的小朋友。今天他无故把同桌推倒在地上，明天揪隔壁桌女孩子的头发，第三天和几个男孩子打架……天天如此，没过一个月，老师就吃不消了。过来告状的家长来了一拨又来一拨。无奈，老师只好把强强的妈妈请来。

妈妈说，强强无故打人的情况早就有了。他很小的时候，好像是出于好奇，喜欢拍其他孩子。强强的爸妈因为工作忙，很少关注他，也没在意。谁知他慢慢地养成了习惯。妈妈多次说服教育，甚至体罚都不管用，强强好像就是管不住自己。现在，妈妈也不知如何是好。

得知这些情况后，老师和妈妈商量如何帮助强强改掉打人行为的办法。她们达成一致意见：每次，只要强强有打人的倾向或行为发生，就上去抓住他的手，不准他攻击别人。如果强强想要摆脱这种束缚，就必须放弃攻击行为。经过一个月的共同努力，大家发现强强的攻击性行为减少了。只要老师用语言提醒，他就可以控制自己想打人的冲动。

（二）强化法的分类

在上述案例中，教师和家长采用强化的方式来帮助儿童矫正问题行为。强化包括正强化和负强化。所谓正强化，是指当被强化人出现他人所期待的操作性行为（外显的、可视的行为）后，如果立即得到他需要的强化物，则被强化人再次发生同样操作性行为的可能性和次数会增加。通俗地说即奖励。案例1中，乐乐每次稍微安静一会儿，就得到他想要的一样东西。于是，为了获取后者，他努力地按照家长和教师的要求去做，这是正强化。

负强化是指被强化人改正问题行为，出现他人所期待的操作行为后，取消使他感到厌恶的刺激。为了避免厌恶刺激，被强化人会加强发生所期待行为的几率。负强化的过程包括两个阶段：逃避和回避。厌恶刺激的出现，使得儿童想要避开它，但他只有发生了所期待的行为以后才可以逃避。经过多次反复以后，儿童会明白厌恶刺激和期望行为之间的必然因果关系。于是，为了不再经受那样不愉悦的体验，他会努力做出所期望的行为，以回避厌恶刺激的出现。在案例2中，强强的攻击性行为引发了身体自由受限制的厌恶刺激，这让他很不悦，为了回避它，强强开始减少或者控制打人行为，这是负强化。

正强化和负强化是一对既有区别又紧密联系的干预方法。两者都是为了加强某种所期待的正常行为，但它们使用的方法不同。正强化是用愉快刺激的方式，负强化是用厌恶刺激的方式。两种方法在一定情况下可以相互补充，例如，当正强化中的刺激物对儿童无效时，可以采用厌恶刺激的方式，这也能达到同样的效果。

（三）强化法的使用要点

1. 明确强化行为

不管是正强化还是负强化，教师要首先明确要强化的儿童行为是什么，并尽可能地将其具体化，使其有针对性、可观察、可控制和可评价，这样才能更有效地实施强化。如果选择的强化行为过于宽泛和一般化，如促进儿童的同伴交往，则会使强化的针对性不强，也无法考证强化的效果。

2. 恰当选择强化刺激物

强化刺激物在强化过程中起着关键的作用，恰当的强化物可以有效地引发所期待的行为。正强化物的类型有很多，例如能满足儿童生理需要的消费性强化物，如糖果、食品和饮料等；能满足儿童活动本能需要的活动性强化物，如外出游玩、看电视、做某个游戏等；能满足儿童对心爱物品享用需要的拥有性刺激物，如赠送玩具、画片等；能满足儿童社会交往需要的社会性刺激物，如拥抱、赞赏的眼神和表扬的语言等。教师要根据儿童的需要，选择他最喜爱的事物作刺激物。对儿童来说，同一刺激物如果长时间反复使用，可能会失去吸引力，尤其是消费性强化物。此外，为了使儿童施发行为的动机由外转向心理内部，解除儿童对外部刺激的依赖，刺激物的选择要注意随儿童的心理特征变换，小年龄儿童可能对物质性刺激更感兴趣，而大孩子则更喜欢满足社会性需要的刺激物。

负强化物是能够使儿童产生消极情绪体验的事物，例如语言警告、自由受束缚、各种强烈的感觉刺激或心理惩罚。它首先应该是学校教育和社会道德以及儿童身心健康发展所允许范围内的事物，同时能使儿童产生一定的消极情绪体验，否则很难起到相应的效果，甚至产生负效应。例如，老师发现有一个孩子上课总是不停地讲话，就把他叫到孩子们面前站着。结果，这个孩子并没有觉得害羞，反而认为是一件很得意的事情——老师终于注意到他了，效果就可想而知了。

这里要提请注意的是，正强化物的出现和负强化物的消失一定要及时。

3. 协助儿童明确强化物和强化行为的关系

教师在使用强化物时，一定要帮助儿童明确期望行为和强化物出现或消失之间的关系，这样可以更快地帮助他修正行为。比如有的儿童总是喜欢把别人的东西拿回家，在家长的教育下，他拿的次数少了，你就可以奖励他最喜欢吃的巧克力。但在吃之前，你要明确告诉他：他之所以有巧克力吃，是因为他今天没拿别人的东西，而不是其他。撤销厌恶刺激物时也是如此。这样，孩子才能更明确行为的方向。

4. 避免强化法误用

运用强化法改善儿童的问题行为简单易行，只要运用恰当，效果会十分显著。但是在日常生活中，人们往往对它错误理解或误用。以下两种误用是比较突出的。

一种是有意或无意地正强化问题行为。儿童的许多问题行为在形成之初，可能是出于无意识或者好奇。如果成人不加以重视，不及时进行教育，反而对它进行肯定的话，会令儿童的问题行为形成得更快更顽固。例如在成

图8-2　幼儿的某些行为会引发严重后果

人没有教给儿童正确的社会交往方式之前，儿童会自发地使用自己的交往方式和别人相处，而这些方式往往不符合社会规则——抓人、打人、破坏玩具、抢东西等。儿童的这些行为，如果不能及时得到纠正，其实在儿童看来，就是对它们的肯定。甚至有些家长认为孩子这样很厉害，表扬他的行为，这样就使儿童更加频繁地搞破坏。

另一种是期望行为未出现便撤销厌恶刺激。瑭瑭非常不喜欢上幼儿园。每天早上，她会想各种各样的方法来逃避，如装病、哀求、撒娇、死缠烂打、赖床等。家人每天都要经历一场不亚于"战争"的过程，才能把她送进幼儿园。有时候，奶奶觉得孩子很可怜，就跟瑭瑭妈说："干脆别去了，你看她多不想去啊！"拗不过奶奶，妈妈一气之下就上班去了。奶奶就在家带着孩子自由玩。奶奶在孩子没有出现正确行为之前，就帮她消除了厌恶刺激，可以想象，以后让她去幼儿园会更加艰难。因为她已经知道：即使不做出正确的行为，也可以有愉快的体验。

此外，父母对于已经定下的强化必须执行，不可以"出尔反尔"，否则以后此类强化就将失去效用。明明的妈妈在为4岁的明明设立规则时，经常变换方法。有时候喊明明吃饭，明明不听，妈妈便用物质诱导："乖宝宝，快来吃饭，吃饱了妈妈给你买变形金刚。"这下，明明高高兴兴地去吃饭了。可事后明明妈妈总以"叫你吃饭是为了你好"为由，经常不兑现诺言。有时，晚上到了睡觉时间，明明不愿关掉精彩的动画片，妈妈便以暴力相逼……所以，在强化之前，一定要明确在所期待的行为出现之后再施加强化。

（四）区分强化与消退

强化不同于消退。消退是指当行为者出现不良行为以后，没有像以前一样随即出现他期待的强化物，则他发生相应不良行为的次数会降低。比如，儿童为了买喜欢的玩具（期待

的强化物),往往会采用哭闹的形式(不良行为)。如果父母对他的行为置之不理,即强化物没有预期出现,多次反复以后,儿童就可能放弃这种不良行为。以后,当他遇到同样的情境时,如果不无理取闹,父母就奖励他一个亲吻,这是正强化;或者在他能控制自己的时候,父母不限制他看喜欢的动画片,这是负强化。

总体而言,强化法是一种易操作且行之有效的儿童问题行为干预技术,但它也有不足之处。例如强化行为只限于操作性行为,是借助外在力量来改变儿童的内部问题,以及在改变行为上更注重量而不是质。因此,我们在使用时要明确它的使用范围和价值,不能盲目滥用,以免造成不良后果。

二、惩罚法

惩罚法是幼儿社会教育中常用的一种方法。此方法不管对幼儿教师还是家长来说,都是一种使用频率很高的方法。究其原因,人们似乎认为它是一种不需要专业学习就可以掌握的方法,而且具有立竿见影的效果。正因为如此,有相当一部分成人的使用中存在着很多问题。

小案例

寒冷的早晨,老师在给孩子们讲故事。正讲得起劲的时候,体弱多病的兰兰和妈妈来了。"又迟到了",老师心里嘀咕着。的确,因为身体原因,兰兰总是隔三差五地不来幼儿园,迟到更是家常便饭。这给带班的老师带来了许多不便,她对兰兰有些不满。这不,兰兰妈刚走,她就忍不住自言自语:"上学跟逛街一样,什么时候想来就来,真是烦!"然后,她对着兰兰说:"以后要是迟到了,就别来了!"

兰兰的眼眶里盈满了泪水……

在上面的案例中,这位老师没有意识到,她正在对无辜的兰兰实施惩罚——责备、嘲讽。语言的攻击也是一种惩罚。其实,很多教育工作者搞不清惩罚的方式,在如何使用方面也存在着问题。所以,我们这里有必要介绍一下惩罚法。

(一)惩罚法的定义

惩罚是指当行为者出现不良行为后会承受不愉悦刺激,或者取消他正在享用的愉悦刺激,从而达到遏止不良行为出现的目的。例如,一个两岁半的幼儿,他不管走到哪里,不管在干什么,嘴里都要叼着自己的奶瓶,否则就抗拒从事任何活动。这是过度依恋某种特定事物。为克服这一问题行为,成人可以在奶嘴上涂些辣椒,或者他吃奶嘴的时候不允许他玩喜欢的玩具,让孩子意识到继续吃奶嘴的痛苦和要付出的代价,从而考虑放弃这一行为。这就是惩罚。显而易见，惩罚包括两个过程：给予不良刺激和剥夺愉悦刺激。

惩罚不同于强化。就实际操作而言，在上面的例子中，如果儿童能够放下奶瓶一会儿，就奖励他一块糖果，这是正强化；如果他不能忍受放弃心爱的玩具，丢下了奶瓶，成人就取消对他原来的约束，这是负强化。

综上所述，惩罚主要是为了减少或遏止不良行为再次出现，如果想要完全消除问题行为，或者建立新的行为，尚需借助多种方法才能实现。

（二）惩罚的方式

按照惩罚与儿童作用的方式，可以将惩罚大致分为三类：责备、剥夺和暂时隔离。那么，对待同一个问题行为，如何使用不同的惩罚方式？

小案例

胜胜是一个6岁的男孩。因为他出生的时候是早产，从小就成为全家重点呵护的对象。尽管如此，先天身体素质差还是带来了许多问题：感冒、消化不良、拉肚子、支气管哮喘等问题频繁地发生在他的身上。全家人都觉得歉疚。为了补偿，大家竭尽所能满足胜胜所有的要求，希望他能够开心。

过度的溺爱使胜胜养成了一些问题行为。比如，他任性，爱发脾气；不管是谁，只要让他稍不满意，胜胜就躺在地上打滚，哭得异常凄惨；有时候还摔东西，打人。真是让家人伤透了脑筋。

这天，胜胜因为爸爸没有给他买昂贵的飞机模型而大为不满。虽然为了补偿，爸爸给他买了一辆遥控小汽车，但胜胜还是不高兴。为了表示抗拒，吃饭的时候，胜胜假装不吃，或者挑三拣四，说要吃这个、吃那个，专挑饭桌上没有的要。

妈妈实在看不下去了，就警告他说："胜胜，你的飞机已经很多了，你再这样无理取闹，就没有一个人喜欢你了。"胜胜更不乐意了，闹得更凶。爸爸很生气，就把下午买给他的小汽车没收了，说要送给表弟玩。

这下胜胜彻底愤怒了，他开始大哭大闹，谁说话都不听。无奈之下，爷爷把他抱起来，放在他自己的屋里，让他闹够了再说。

在这个例子中，不同的家长分别采取了不同的惩罚方式。首先，妈妈的警告起到了责备的作用，直接告诉孩子他的行为不对，希望能够终止。接着，爸爸剥夺了他喜欢的玩具小汽车，再次期待他能够意识到自己的行为可能带来什么样的后果。当第二次干预失败以后，爷爷则直接把他暂时隔离，让他在发泄自己负性情绪的同时，能够认真反省一下自己的行为。

使用惩罚法干预儿童的问题行为，往往是以责备开头，提醒行为施发者。它可以是具体的语言、责备的眼神，或严厉的面部表情，这对于管制较轻的问题行为有一定的效果。但大多数情况下，还要采取更为深刻的方式——剥夺正在拥有的享受，可以是具体的物品、活动或权利。这种方式对大年龄段孩子效果较好，因为它要求孩子能够尽快地控制自己的情绪，理性地思考自己的行为造成的后果，从而有效地控制行为。对于年幼的儿童，暂时的隔离可能是更好的方式。它阻断了外界刺激的干扰，留下一个发泄情绪和反思的空间给儿童，符合年幼儿童控制情绪能力弱的特点。

（三）惩罚法的运用

1. 意见一致地贯彻执行

首先，我们应该将儿童问题行为具体化于不同的情境中，归类整理儿童问题行为的各种表现，为有针对性的干预做好准备。例如攻击性行为，儿童在什么时候、什么条件下会有攻击行为发生？有哪些具体表现？发生的强度和频率如何？对待这些问题行为，家庭和幼儿园要意见一致，认真地通过惩罚法来教育儿童，避免因不一致而影响教育效果。

2. 正确选择惩罚方式

就性质而言，惩罚给儿童带来的是一种负面刺激和不良反应。所以，我们要尽可能根据儿童的年龄和问题性质，选择轻微且有效的惩罚方式实施。例如，对年龄稍大的儿童，可先进行语言警告，严肃认真地向他讲道理，就事论事，不粗暴、讽刺。如果发现抵触情绪比较明显时，再采用较严格的惩罚方式。通常情况下，惩罚法要与强化、模仿等其他方式配合使用，才能收到最好的效果。

3. 避免可以诱发问题行为的情境

幼儿的自我控制能力差，在有诱发因素的情境中容易出现问题行为。因此，在干预儿童本身的同时，要为儿童创设一个有益于行为矫正的生存空间。例如，对于拿别人东西的孩子，要尽量避免他独处一室；对攻击性行为儿童，一开始要尽量避免他和其他孩子有发生摩擦的机会。

4. 避免惩罚法误用

在幼儿教育实践中，惩罚法误用的情况比较常见。例如，把讽刺、责骂等同于语言警告，而儿童并不明确自己错在哪里，以及如何改正；或把责备作为宣泄愤怒的渠道，责备无效时就妥协；或滥用惩罚法，等等。这些使用误区不仅没有起到应有的作用，很多时候还深深伤害了儿童的自尊，或激起他们的逆反。因此，一定要避免误用惩罚法。

5. 正确认识惩罚法的价值

正确使用惩罚法，可以从一定程度上减轻或遏止儿童的问题行为，而且往往显效很快。与此同时，我们应该认识到，惩罚法的使用毕竟伴随着儿童的消极情绪，经常使用可能会给儿童带来一定的伤害，而且可能引发儿童的效仿，造成更严重的后果。所以，在有其他方法可用的时候，要尽量避免采用惩罚法。尤其是本文未提及的体罚（也是惩罚的一种方式），更不能使用。

三、模仿法

（一）模仿法的定义

班杜拉社会学习理论告诉我们，儿童自出生以后，从未停止过他从生存其中的社会环境进行学习的步伐。家人、教师、家庭环境、家庭氛围、学校教育环境、人文环境，甚至社会大环境，都无时无刻不在渗透性地影响着儿童发展的方方面面。近些年，越来越多的实验研究向我们展示：即使是年幼的婴儿，也具有惊人的模仿能力。例如，出生几天的婴儿能模仿父亲的吐舌动作。这些研究给我们的教育干预提供了更广泛的思考空间。

模仿法正是建立在这一理论基础之上，强调儿童通过对模仿对象（又称楷模）行为的观察学习，达到增强正常行为、消除问题行为的目标。在模仿法中，最关键的要素是楷模对儿童的影响力，这取决于楷模与该儿童的关系、楷模的特征以及儿童的心理需要状态等诸多因素。一个恰当的楷模能够最大限度地调动儿童行为的内在动力，从而达到事半功倍的效果。

小案例

冉冉是一个4岁半的活泼小女孩。她聪明、好动、热情，喜欢探索新事物。在幼儿园，她是个招人喜欢的孩子。有一天，在娃娃家活动时，老师突然发现冉冉很害怕玩具娃娃——她一看见就立即跑开，即使老师在场引导，也不愿意看或者接近玩具娃娃。老师观察她一段时间后，发现冉冉对各类玩具娃娃都很害怕。这是一种比较持久、稳定的对特定事物的恐惧。

老师请来冉冉的妈妈了解情况。原来，冉冉在六个月大的时候见到一种声控玩具，当时受到了惊吓，以后拒绝看到相似的玩具。而家人对她的异常行为并未在意，反而逢人就说："我们冉冉不喜欢娃娃的。"这种特殊的情感经历，加上成人的语言暗示，最终导致了冉冉对玩具娃娃的恐惧。

经过讨论，老师和家长决定采用模仿法帮助冉冉消除恐惧。首先，他们在冉冉开心的时候，陪伴她一起观看儿童与娃娃快乐游戏的图片、片段或者现场活动。开始的时候，冉冉还是害怕，慢慢地她就敢看了，但还是不敢碰娃娃。然后，老师找来她最信任的人在她面前表演和娃娃一起游戏的愉快场面。多次以后，冉冉有了很大的进步。现在，她已经和正常孩子一样喜爱娃娃了。

模仿学习既可以增强儿童行为，也可以削弱或者消除儿童行为。其价值主要通过以下几种方式来实现。

首先，帮助儿童习得正确的行为方式。具有问题行为的儿童之所以改善起来困难，一个重要的原因是儿童不知道怎么做才能克服它。对于这个困难，模仿法有它的优越性。因为它提供了一个情况真实发生的他人经验，这个经验可以从一定程度上弥补甚至取代儿童无法亲自获得的个体经验。比如过度依赖家长的儿童，可能是因为他最依恋的人突然、短暂的离开让他不知所措，经历了情感上的挫折后，儿童再也不愿意有同样的体验。这种体验产生的根本原因在于儿童对成人缺乏信任。如果他看到其他儿童在面临同样的处境时的处理方式，并相信依恋对象在离开后总会回来的，他就会逐渐消除对依恋对象离开时的焦虑情绪。

其次，冻结问题行为，解冻正常行为。儿童会无所畏惧地侵略他人、任性，或者无力地受制于恐惧、焦虑，这是因为他不曾感受过搞破坏的后果，也不知道冲出情绪束缚后会有怎样的积极体验。模仿法绕过儿童的直接经验，以他人的间接经验将他所缺乏的知识直观呈现，同样可以起到相应的效果。可以设想，儿童看到一个当众撒泼的孩子并没有得到想要的玩具，而是被母亲训斥了一顿之后，他在想要获得自己想要的玩具或处于类似情景中时，一定会考虑避免采用这种方法。

最后，激发已掌握的良好行为。在这里，儿童在同一领域已同时养成了积极行为和不良行为，通过观察他人的积极行为，儿童进行同样行为的频率增加。例如分享，要求幼儿与他人分享并非一件容易的事。虽然从道理上讲，儿童懂得要分享，但他并不一定有分享行为发生。我们经常可以看到，老师说："大家有了好东西应该怎么做？"孩子们会异口同声说："和小伙伴分享。"但遇到具体的情况就完全是两回事了。当然，儿童也会有分享的行为，如果他看到周围的人都在分享，他的分享行为就会发生得频繁。

（二）模仿学习的运用

1. 选择恰当的楷模

楷模的特性、模仿行为本身的性质，会影响儿童模仿行为的效果。一般来说，两类特征的楷模最容易激发儿童模仿的动力：一是儿童最崇敬的亲人、教师或英雄人物；二是和儿童各方面相仿的伙伴。不管是哪一类，都应该注意和儿童具体的生活紧密结合。模仿行为的内容同样如此，要能够结合实际进行创新。

2. 综合运用多种模仿方法

按照儿童模仿行为的作用方式，可以把儿童的模仿分为视频模仿、现场模仿、参与模仿和想象模仿。视频模仿是指借助录像、电视和电影等资料呈现要模仿的行为，例如请恐惧海生动物的儿童观看动画版海底世界或真实的海下生物情况。现场模仿与前者的唯一区别就在于和楷模的真实距离，后者更真实、接近。参与模仿弥补了前两种方法缺乏真实体验的缺陷，在让儿童进行一定观察的基础上，邀请儿童参与到示范行为中来。想象模仿从简易、方便操作的角度出发，借助儿童本身的想象能力，模拟真实的楷模对象与行为，对模仿者本身相应的认知能力要求较高。四种方法各有千秋，又互相补充，在实践中要综合运用。

3. 模仿要循序渐进

通常情况下，单一楷模行为往往具有特定的情境性，而儿童的问题行为具有跨越情境的一致性,我们很难去模拟这种现实生活的复杂性。这就决定了借助模仿去实现儿童问题行为的稳固改变需要一个过程,即儿童要将特定情境下观察学习到的行为迁移到所有的情境,形成一种稳定的情绪情感认识。所以,成人千万不可操之过急,要根据儿童在模仿中的改进状态不断提供支持。

4. 为儿童创设一致的教育环境

既然只是外在观察和模仿,与儿童问题行为相一致的反面"楷模"同样可以影响儿童,抵消正面示范的效果。所以,教师要和家长携起手来,创设一致的教育环境。例如,在幼儿园,教师要求儿童参与模仿同伴友好相处,但回到家中父母让儿童大量接触有攻击性行为的媒体资料,那么家庭削弱或抵消幼儿园教育的现象就会发生。

四、系统脱敏法①

（一）系统脱敏法的定义

系统脱敏法是有计划、有步骤地帮助问题行为者摆脱对特定事物的过度敏感,主要用于治疗儿童对常规事物的过分恐惧,如害怕常见的动物:猫、狗、老鼠、蛇;或自然现象:打雷、闪电、下雪;还有对特定人物角色的恐惧,如医生、小偷等。由于儿童对这些人和物的恐惧达到相对严重的程度,并伴有明显的情绪和生理反应,所以不再是简单的说服、教育可以解决的。在系统脱敏中,成人要为儿童创设一个自由舒适的环境。在这个安全的空间里,恐惧的事物会根据儿童的接受程度慢慢地、以不同的方式接近,直至儿童能够完全接受它。

（二）系统脱敏法的运用

小案例

天天是个安静的4岁男孩子,性格比较内向,天生胆子小。他最害怕的就是去看医生。每次生病,妈妈一提到要去医院,天天就哭啊闹啊,不肯去。好不容易被家人骗到了医院,他便紧张得不得了。尤其看到穿白大褂的医生时,他会吓得脸色苍白,手心出冷汗,拼命地挣扎着要离开。

在幼儿园的教学中,带班老师发现了天天的这个问题。在职业角色课里,老师给小朋友介绍不同的职业。当讲到医生时,天天神情紧张,不愿意用眼睛看医生的图片,对老师讲解的内容也有意回避。

儿童惧怕这些常见的人和物,往往和特定的生活经验、周围环境,以及自身的个性特征有关。所以,系统脱敏的第一步就是要查清是哪些因素导致儿童的反常恐惧。老师和

---

① 系统脱敏法多用于专业的心理治疗领域,幼儿园教师或家长在运用时要有专业人士指导。

家长在心理学专家的指导下，一同分析天天恐惧医生的原因。妈妈提到，天天小的时候身体不太好，经常要上医院去打针，而医生的态度比较严厉。每次打针，天天都哭得很凶。有时候打点滴，护士要在孩子的手上、脚上或头上扎好多针，才能找到血管。这些经历加重了天天对医生的恐惧。天天又很敏感、胆怯。在他不听话的时候，祖辈有时候会拿"医生打针"来吓唬他，这就更加让他意识到自己的确害怕医生。不仅他自己这样认为，家人也认同。性格上的弱点、亲人的暗示和特殊经历交互作用，终于导致了天天的恐惧。

找到原因以后，第二步是了解儿童的恐惧程度。教师可以结合家长的情况介绍，制定一个恐惧程度的等级表，评定一下儿童当前所处的位置，为选取具体的脱敏方法提供依据。

第三步是脱敏治疗。成人首先要安排一个安全、宽松的环境，同时教儿童一些自我放松的方法。对于年幼的儿童，由于他们的自我控制能力有限，教师可以借助游戏场景、生活活动和亲人陪伴等一些教育手段帮助儿童放松。

经过专家鉴定，天天对医生的恐惧处于中等偏高水平。所以，脱敏前的放松和过程控制就显得更重要。按照心理学专家的提示，教师安排了以下几个步骤：首先，请天天观看其他小朋友做的娃娃家游戏"我是一名小医生"，模拟化的医院环境和医生角色，以及病人反应，使天天有了新的感知与认识。如果天天无明显的排斥，可接着安排天天观看与医生有关的动画片，如《猫大夫的故事》，让天天懂得医生并不可怕，他是为人们解除痛苦的。接下来，进入真实的图片形象认知阶段。老师告诉孩子：医生是保护我们的健康和生命的，我们应该尊重医生。最后，可以把儿科医生请到班里来，和小朋友们一起做游戏，逐步消除天天的恐惧。

系统脱敏是一个循序渐进的过程。要注意控制恐惧事物接近儿童的程度必须是儿童可以承受的，否则会前功尽弃。

五、代币制

（一）代币制的定义

小案例

苗苗是个比较内向的女孩，今年跟父母一起从外地迁到上海。新的社会环境让苗苗很不适应，本来就不爱讲话的她讲得更少了。为了激发她开口，带班老师和家长想了一个办法：只要她主动讲话，就奖励她一朵小红花。累计到一定数量，可以获得不同的奖励：精美的故事书、观看《猫和老鼠》、去公园玩等。

今天的语言活动上，苗苗又主动开口跟小朋友交流，老师立即奖励她一朵小红花，苗苗很高兴。这时，一直等待老师关注的昊昊开始不满了，他对苗苗酸酸地说："哼，有什么了不起！我妈妈可以做很多这样的小红花，明天我就带给你们看。"

他的话正好被老师听到。"昊昊，你怎么又上课捣乱，是不是看别人有小红花，就妒忌了？"老师板着脸责怪道。

"我才不要，我妈妈说小红花不值钱，都是骗小孩子的。"昊昊一脸的不屑。

"你……"老师气得不知说什么好，苗苗则是一脸的惊讶。

如何理解和认识案例中教师的矫正措施呢？教师运用了一种综合的问题行为矫正技术——代币制，来改善苗苗的不爱讲话。这里，教师借助了一个重要的介质——小红花，来代替儿童在做出期望行为以后可以获得的奖励。行为主义把这种介质称为"条件强化物"，即原本不具有强化作用的事物，一旦和强化刺激物结合起来，就具备了强化的功用。小红花原来只是一个普通的事物，对苗苗来说没有意义，但当她和成人约定用小红花换取自己想要的事物时，小红花就自动具备了约定蕴含的价值。借助条件强化物，成人可以激发儿童改善问题行为的动力，这种矫正技术称为代币制，其中运用的条件强化物是代币。代币可以是不同的事物，实践中比较常见的有做记号、塑料卡片、各类图像、手工小作品等。

以代币替代直接的强化物有很多优点。首先，代币的数量和儿童行为的改进直接相关，儿童可以清楚地看到自己的进步，会继续努力；其次，代币使用简便，不会因为外在因素如成人的情绪发生改变，对儿童更具说服力；再次，代币可以代表许多强化物，这样可以避免单一刺激长期作用导致儿童厌烦，从而失去强化的功效；最后，要注意强化物在儿童期望行为发出以后尽快发放，以更加有效，这样就限制了强化物的选择范围，而代币不受此限制，只要是儿童合理、实际的需要，都可以作为代币的内容。

（二）代币的运用

1. 确定目标行为

同其他干预技术一样，实施代币制的第一步是明确成人所期望的行为在日常生活各个环节的具体目标是什么。例如，改变儿童的社会性退缩行为，预期发展目标具体表现为在老师、同学面前不胆怯，能主动发表自己的观点，喜欢和小伙伴一起游戏等，而不是笼统地讲要合群或积极主动。第二步是评定儿童目前在这一行为上的具体状况如何，从现状到目标行为之间的差距有多大,具体进展的节奏和步伐多大合适等,一开始就要尽可能地具体化。有必要的话,也可以制定行为矫正的阶段目标,这样可以使干预更具有针对性。

2. 选择代币

代币是具有象征意义的事物,直接代表刺激物。因此,要根据儿童的年龄来调整它和真实刺激物之间的可获得距离。比如,两者之间的数量应该是系数关系,儿童可以通过代币计算自己可以获得的刺激物。应当注意,代币的获得和携带要方便,儿童不能自行复制。否则,就会像案例中出现的那样,当儿童得不到它,就会想办法制造,降低了它对儿童的吸引力。

3. 确定逆向强化物

所谓逆向强化物,是指代币所代表的刺激物。儿童在取得了代币以后,第一个思考的问题就是"我可以用它换取什么好处"。逆向强化物应当是儿童最感兴趣、最需要的东西,同强化法中的正强化物类似。在这里,需要注意的是,提供的逆向强化物类别要多样,一开始最好是很快就消耗完的事物,如消费性刺激物,这样可以不断激发儿童要改善行为的动力。随着儿童控制能力的提高,可提供一些比较昂贵、需要多个代币才能替换的事物,为儿童摆脱外在督促做准备。

4. 制定代币交换系统

要制定代币和逆向强化物之间的兑换,包括兑换比率、时间和地点。确定儿童某个具体的改进行为可获得几个代币,多少个代币可以兑换一个强化物,不同强化物之间的币值差应该是多少,都是本环节应该完成的任务。具体可以由成人依据儿童行为本身对预期行为的价值、儿童对刺激物的渴望程度来定,也可以跟儿童一起来制定。需要注意的是,代币要在行为发出以后及时支付。

5. 严格执行

前期准备做好以后,接下来就是严格执行代币制。一开始,可能会因为教师或儿童不熟练代币系统,出现操作混乱的局面,如:教师手忙脚乱地给儿童发代币,没有得到的儿童会想捣乱,强行问老师要;或者不明确代币和强化物之间的关系,随意选择刺激物,甚至可能出现儿童毁坏或私造代币的情况。对此,教师要有心理准备,必须严格按照原有规定发放代币和兑换刺激物,否则将前功尽弃。

6. 逐步消除代币系统

使用代币的最终目标不是让儿童获得尽可能多的代币,而是能够慢慢消除外在动机,使正确行为成为一种自然自发的状态。所以,当儿童慢慢养成正确的行为习惯时,就可以把代币和刺激物之间的比值扩大,比如原来是3个代币换一次看动画片,现在是10个代币换一次周末动物园参观,直至代币消失。

活动方案

幼儿社会退缩性行为的干预和矫正方案

一、被矫正幼儿的情况分析

（一）幼儿的一般情况

黎黎，女，5岁半，幼儿园大班。该幼儿自出生后一直由其奶奶抚养，一直到入园前不久才由其父母领回家中。

（二）问题行为的表现

该幼儿刚入园时比较胆小，性情比较孤僻，不合群。经过一段时间后，能在老师及同伴的带动和鼓励下参加一些活动。在语言方面，该幼儿基础较好，对音乐也较感兴趣。但是，近来该幼儿经常哭泣或不肯来园，有时不知在想些什么，坐在座位上一动也不动。

（三）可能的原因

1. 该幼儿出生后一直和奶奶生活在一起，母亲不太关心自己的女儿。据调查，该幼儿自小到大，一直由奶奶带着待在家里，极少出去玩，更难与其他幼儿交朋友。现在虽然和父母住在一起，但是父母关系不和，母亲经常在外玩，父亲比较孤僻，不太爱讲话。家庭气氛沉闷，缺少轻松、愉快的氛围。

2. 由于该幼儿是插班生，因此和其他小朋友不太熟，有时想加入到他们的游戏行列，但是没有人主动地请她。每一次都是在老师的帮助下加入游戏，比较被动，所以不能很好地投入游戏。

3. 只要该幼儿不顺她母亲的意，她妈妈就又打又骂，造成幼儿心理紧张。

二、矫正前准备

（一）设计和编制教育内容

故事：亮亮和默默，兰兰哭了，兰兰懂事了。

游戏活动：击鼓传手帕，谁念得好，找朋友。

（二）取得家长的支持和配合

在矫治前，教师将矫治计划、方案告诉家长，使家长明确干预的目的和手段，并积极支持配合教师进行矫治。

三、矫正过程

第一阶段（第一周—第三周）

通过谈心和故事"亮亮和默默"等启发引导幼儿，幼儿能模仿故事中的默默，勇敢、主动地和小朋友一起玩。在此基础上，教师时刻和她保持亲密的关系，并让其他幼儿感觉到，从而使其他幼儿产生与该幼儿交朋友的愿望。私下里，教师发动几个能力强的幼儿和该幼儿做好朋友，带她做游戏。经过三周的努力，该幼儿变得活泼多了，也开口说话了，有时能主动和别人一起做游戏。

第二阶段（第四周—第八周）

通过游戏活动"击鼓传手帕,谁念得好,找朋友",激发该幼儿在集体面前大胆表演的愿望,充分发挥她的语言、音乐才能,增强其自信心。经过多次活动,该幼儿的脸上出现了笑容,也能主动要求去幼儿园了。为了稳定幼儿的情绪,教师又一次和家长取得联系,要求家长配合,协同教育。

第三阶段（第九周—第十三周）

在日常生活中,让该幼儿多做一些工作,诸如午餐汇报员、检查员、值日生等,给她一些锻炼的机会。在讲故事比赛中,该幼儿有声有色的讲述赢得了第一名,从而奠定了她在其他幼儿心目中的地位。

第四阶段（第十四周—学期结束）

教师在教育过程中逐渐巩固良好的行为,使该幼儿在自然情境中自由地和其他幼儿交往,并教育家长努力克制自己,改变教育方法,从而使幼儿形成活泼开朗的性格,并乐于和同伴交往。

四、矫正结果

经过一个学期的教育、矫正,黎黎基本上改变了孤僻的性格。现在,她情绪稳定,乐观积极,能主动来幼儿园,乐于和同伴交往,在同伴中也有一定的地位。家长反映,现在孩子活泼可爱多了,各方面的能力提高很快。

思考与练习

1. 简述幼儿问题行为的表现特征及其成因。
2. 简述矫正幼儿问题行为的方法,并举例说明。
3. 简述模仿法的定义及使用步骤。
4. 分析下述案例,你认为可以采取哪些方法来教育这个孩子? 请设计一个干预和矫正方案。

5岁的小男孩嘉豪,出生于××××年10月8日。他的家里还有一个比他大5岁的姐姐。嘉豪的父母是做生意的,经营海鲜。父亲的文化程度是高中,母亲是初中。父母的性格都比较内向,不善表达。嘉豪每天到幼儿园后低首不语,神情沮丧,一副事不关己的漠然神情。在区域活动时,小朋友有的玩过家家,有的玩时装表演,还有的玩超市。大家都玩得不亦乐乎,唯独嘉豪一个人呆呆地坐着,不加入同伴们的游戏。有时候,小朋友经过他的身边时,不小心踩了他的脚,他抬手就打。开学两周了,嘉豪的头始终是低垂着,投向教师的目光是木然的。

附录

《3—6 岁儿童学习与发展指南》中关于社会性的目标

（一）人际交往

目标1　愿意与人交往

3—4岁	4—5岁	5—6岁
1. 愿意和小朋友一起游戏。 2. 愿意与熟悉的长辈一起活动	1. 喜欢和小朋友一起游戏，有经常一起玩的小伙伴。 2. 喜欢和长辈交谈，有事愿意告诉长辈	1. 有自己的好朋友，也喜欢结交新朋友。 2. 有问题愿意向别人请教。 3. 有高兴的或有趣的事愿意与大家分享

教育建议：

1. 主动亲近和关心幼儿，经常和他一起游戏或活动，让幼儿感受到与成人交往的快乐，建立亲密的亲子关系和师生关系。

2. 创造交往的机会，让幼儿体会交往的乐趣。如：

● 利用走亲戚、到朋友家做客或有客人来访的时机，鼓励幼儿与他人接触和交谈。

● 鼓励幼儿参加小朋友的游戏，邀请小朋友到家里玩，感受有朋友一起玩的快乐。

● 幼儿园应多为幼儿提供自由交往和游戏的机会，鼓励他们自主选择、自由结伴开展活动。

目标2　能与同伴友好相处

3—4岁	4—5岁	5—6岁
1. 想加入同伴的游戏时，能友好地提出请求。 2. 在成人指导下，不争抢、不独霸玩具。 3. 与同伴发生冲突时，能听从成人的劝解	1. 会运用介绍自己、交换玩具等简单技巧加入同伴游戏。 2. 对大家都喜欢的东西能轮流、分享。 3. 与同伴发生冲突时，能在他人帮助下和平解决。 4. 活动时愿意接受同伴的意见和建议。 5. 不欺负弱小	1. 能想办法吸引同伴和自己一起游戏。 2. 活动时能与同伴分工合作，遇到困难能一起克服。 3. 与同伴发生冲突时能自己协商解决。 4. 知道别人的想法有时和自己不一样，能倾听和接受别人的意见，不能接受时会说明理由。 5. 不欺负别人，也不允许别人欺负自己

教育建议：

1.结合具体情境,指导幼儿学习交往的基本规则和技能。如:

● 当幼儿不知怎样加入同伴游戏,或提出请求不被接受时,建议他拿出玩具邀请大家一起玩;或者扮成某个角色加入同伴的游戏。

● 对幼儿与别人分享玩具、图书等行为给予肯定,让他对自己的表现感到高兴和满足。

● 当幼儿与同伴发生矛盾或冲突时,指导他尝试用协商、交换、轮流玩、合作等方式解决冲突。

● 利用相关的图书、故事,结合幼儿的交往经验,和他讨论什么样的行为受大家欢迎,想要得到别人的接纳应该怎样做。

● 幼儿园应多为幼儿提供需要大家齐心协力才能完成的活动,让幼儿在具体活动中体会合作的重要性,学习分工合作。

2.结合具体情境,引导幼儿换位思考,学习理解别人。如:

● 幼儿有争抢玩具等不友好行为时,引导他们想想"假如你是那个小朋友,你有什么感受?"让幼儿学习理解别人的想法和感受。

3.和幼儿一起谈谈他的好朋友,说说喜欢这个朋友的原因,引导他多发现同伴的优点、长处。

目标3　具有自尊、自信、自主的表现

3—4岁	4—5岁	5—6岁
1.能根据自己的兴趣选择游戏或其他活动。 2.为自己的好行为或活动成果感到高兴。 3.自己能做的事情愿意自己做。 4.喜欢承担一些小任务	1.能按自己的想法进行游戏或其他活动。 2.知道自己的一些优点和长处,并对此感到满意。 3.自己的事情尽量自己做,不愿意依赖别人。 4.敢于尝试有一定难度的活动和任务	1.能主动发起活动或在活动中出主意、想办法。 2.做了好事或取得了成功后还想做得更好。 3.自己的事情自己做,不会的愿意学。 4.主动承担任务,遇到困难能够坚持而不轻易求助。 5.与别人的看法不同时,敢于坚持自己的意见并说出理由

教育建议：

1.关注幼儿的感受,保护其自尊心和自信心。如:

● 能以平等的态度对待幼儿,使幼儿切实感受到自己被尊重。

● 对幼儿好的行为表现多给予具体、有针对性的肯定和表扬,让他对自己优点和长处有所认识并感到满足和自豪。

● 不要拿幼儿的不足与其他幼儿的优点作比较。

2.鼓励幼儿自主决定,独立做事,增强其自尊心和自信心。如:

● 与幼儿有关的事情要征求他的意见,即使他的意见与成人不同,也要认真倾听,接受他的合理要求。

- 在保证安全的情况下，支持幼儿按自己的想法做事；或提供必要的条件，帮助他实现自己的想法。
- 幼儿自己的事情尽量放手让他自己做，即使做得不够好，也应鼓励并给予一定的指导，让他在做事中树立自尊和自信。
- 鼓励幼儿尝试有一定难度的任务，并注意调整难度，让他感受经过努力获得的成就感。

目标4　关心尊重他人

3—4岁	4—5岁	5—6岁
1. 长辈讲话时能认真听，并能听从长辈的要求。 2. 身边的人生病或不开心时表示同情。 3. 在提醒下能做到不打扰别人	1. 会用礼貌的方式向长辈表达自己的要求和想法。 2. 能注意到别人的情绪，并有关心、体贴的表现。 3. 知道父母的职业，能体会到父母为养育自己所付出的辛劳	1. 能有礼貌地与人交往。 2. 能关注别人的情绪和需要，并能给予力所能及的帮助。 3. 尊重为大家提供服务的人，珍惜他们的劳动成果。 4. 接纳、尊重与自己的生活方式或习惯不同的人

教育建议：

1. 成人以身作则，以尊重、关心的态度对待自己的父母、长辈和其他人。如：

- 经常问候父母，主动做家务。
- 礼貌地对待老年人，如坐车时主动为老人让座。
- 看到别人有困难能主动关心并给予一定的帮助。

2. 引导幼儿尊重、关心长辈和身边的人，尊重他人劳动及成果。如：

- 提醒幼儿关心身边的人，如妈妈累了，知道让她安静休息一会儿。
- 借助故事、图书等给幼儿讲讲父母抚育孩子成长的经历，让幼儿理解和体会父爱与母爱。
- 结合实际情境，提醒幼儿注意别人的情绪，了解别人的需要，给予适当的关心和帮助。
- 利用生活机会和角色游戏，帮助幼儿了解与自己关系密切的社会服务机构及其工作，如商场、邮局、医院等，体会这些机构给大家提供的便利和服务，懂得尊重工作人员的劳动，珍惜劳动成果。

3. 引导幼儿学习用平等、接纳和尊重的态度对待差异。如：

- 了解每个人都有自己的兴趣、爱好和特长，可以相互学习。
- 利用民间游戏、传统节日等，适当向幼儿介绍我国主要民族和世界其他国家和民族的文化，帮助幼儿感知文化的多样性和差异性，理解人们之间是平等的，应该互相尊重，友好相处。

（二）社会适应

目标1　喜欢并适应群体生活

3—4岁	4—5岁	5—6岁
1. 对群体活动有兴趣。 2. 对幼儿园的生活好奇，喜欢上幼儿园	1. 愿意并主动参加群体活动。 2. 愿意与家长一起参加社区的一些群体活动	1. 在群体活动中积极、快乐。 2. 对小学生活有好奇和向往

教育建议：

1. 经常和幼儿一起参加一些群体性的活动，让幼儿体会群体活动的乐趣。如参加亲戚、朋友和同事间的聚会以及适合幼儿参加的社区活动等，支持幼儿和不同群体的同伴一起游戏，丰富其群体活动的经验。

2. 幼儿园组织活动时，可以经常打破班级的界限，让幼儿有更多机会参加不同群体的活动。

3. 带领大班幼儿参观小学，讲讲小学有趣的活动，唤起他们对小学生活的好奇和向往，为入学做好心理准备。

目标2　遵守基本的行为规范

3—4岁	4—5岁	5—6岁
1. 在提醒下，能遵守游戏和公共场所的规则。 2. 知道不经允许不能拿别人的东西，借别人的东西要归还。 3. 在成人提醒下，爱护玩具和其他物品	1. 感受规则的意义，并能基本遵守规则。 2. 不私自拿不属于自己的东西。 3. 知道说谎是不对的。 4. 知道接受了的任务要努力完成。 5. 在提醒下，能节约粮食、水电等	1. 理解规则的意义，能与同伴协商制定游戏和活动规则。 2. 爱惜物品，用别人的东西时也知道爱护。 3. 做了错事敢于承认，不说谎。 4. 能认真负责地完成自己所接受的任务。 5. 爱护身边的环境，注意节约资源

教育建议：

1. 成人要遵守社会行为规则，为幼儿树立良好的榜样。如答应幼儿的事一定要做到、尊老爱幼、爱护公共环境，节约水电等。

2. 结合社会生活实际，帮助幼儿了解基本行为规则或其他游戏规则，体会规则的重要性，学习自觉遵守规则。如：

- 经常和幼儿玩带有规则的游戏，遵守共同约定的游戏规则。
- 利用实际生活情境和图书故事，向幼儿介绍一些必要的社会行为规则，以及为什么要遵守这些规则。

- 在幼儿园的区域活动中，创设情境，让幼儿体会没有规则的不方便，鼓励他们讨论制定规则并自觉遵守。
- 对幼儿表现出的遵守规则的行为要及时肯定，对违规行为给予纠正。如幼儿主动为老人让座时要表扬；幼儿损害别人的物品或公共物品时要及时制止并主动赔偿。

3. 教育幼儿要诚实守信。如：

- 对幼儿诚实守信的行为要及时肯定。
- 允许幼儿犯错误，告诉他改了就好。不要打骂幼儿，以免他因害怕惩罚而说谎。
- 小年龄幼儿经常分不清想象和现实，成人不要误认为他是在说谎。
- 发现幼儿说谎时，要反思是否是因自己对幼儿的要求过高过严造成的。如果是，要及时调整自己的行为，同时要严肃地告诉幼儿说谎是不对的。
- 经常给幼儿分配一些力所能及的任务，要求他完成并及时给予表扬，培养他的责任感和认真负责的态度。

目标3　具有初步的归属感

3—4岁	4—5岁	5—6岁
1. 知道和自己一起生活的家庭成员及与自己的关系，体会到自己是家庭的一员。 2. 能感受到家庭生活的温暖，爱父母，亲近与信赖长辈。 3. 能说出自己家所在街道、小区（乡镇、村）的名称。 4. 认识国旗，知道国歌	1. 喜欢自己所在的幼儿园和班级，积极参加集体活动。 2. 能说出自己家所在地的省、市、县（区）名称，知道当地有代表性的物产或景观。 3. 知道自己是中国人。 4. 奏国歌、升国旗时能自动站好	1. 愿意为集体做事，为集体的成绩感到高兴。 2. 能感受到家乡的发展变化并为此感到高兴。 3. 知道自己的民族，知道中国是一个多民族的大家庭，各民族之间要互相尊重、团结友爱。 4. 知道国家一些重大成就，爱祖国，为自己是中国人感到自豪

教育建议：

1. 亲切地对待幼儿，关心幼儿，让他感到长辈是可亲、可近、可信赖的，家庭和幼儿园是温暖的。如：

- 多和孩子一起游戏、谈笑，尽量在家庭和班级中营造温馨的氛围。
- 通过和幼儿一起翻阅照片、讲幼儿成长的故事等，让幼儿感受到家庭和幼儿园的温暖，老师的和蔼可亲，对养育自己的人产生感激之情。

2. 吸引和鼓励幼儿参加集体活动，萌发集体意识。如：

- 幼儿园和班级里的重大事情和计划，请幼儿集体讨论决定。
- 幼儿园应经常组织多种形式的集体活动，萌发幼儿的集体荣誉感。

3. 运用幼儿喜闻乐见和能够理解的方式激发幼儿爱家乡、爱祖国的情感。如：

- 和幼儿说一说或在地图上找一找自己家所在的省、市、县(区)名称。
- 和幼儿一起外出游玩,一起看有关的电视节目或画报等;和他们一起收集有关家乡、祖国各地的风景名胜、著名的建筑、独特物产的图片等,在观看和欣赏的过程中激发幼儿的自豪感和热爱之情。
- 利用电视节目或参加升旗等活动,向幼儿介绍国旗、国歌以及观看升旗、奏国歌的礼仪。
- 向幼儿介绍反映中国人聪明才智的发明和创造,激发幼儿的民族自豪感。

参考资料

［1］王振宇等.儿童社会化与教育[M].北京：人民教育出版社，1992.

［2］时蓉华.现代社会心理学[M].上海：华东师范大学出版社，1989.

［3］周宗奎.儿童社会化[M].长沙：湖北少年儿童出版社，1995.

［4］范敬梅等.幼儿园道德价值观建构管窥——后现代教育理论对幼儿园道德教育的冲击[J].学前教育研究，2005（11）：46-47.